afetos
colaterais

Bettina Bopp

afetos colaterais

*a busca pela poesia
na despedida de minha mãe*

🌐 Planeta

Copyright © Bettina Bopp, 2023
Copyright © Editora Planeta do Brasil, 2023
Todos os direitos reservados.

Preparação: Laura Vecchioli
Revisão: Bárbara Parente e Valquíria Matiolli
Projeto gráfico e diagramação: Negrito Produção Editorial
Ilustrações de miolo: Bettina Bopp
Ilustrações de capa: Brisa Noronha
Capa: Cristina Gu

Dados Internacionais de Catalogação na Publicação (CIP)
Angélica Ilacqua CRB-8/7057

Bopp, Bettina
   Afetos colaterais: a busca pela poesia na despedida de minha mãe / Bettina Bopp. – 1. ed. – São Paulo: Planeta do Brasil, 2023.
   208 p.

   ISBN 978-85-422-2207-4

   1. Literatura brasileira I. Título

23-1845   CDD B869

Índice para catálogo sistemático:
1. Literatura brasileira

Ao escolher este livro, você está apoiando o manejo responsável das florestas do mundo

Este livro foi composto em Bembo Book MT Pro e impresso pela Gráfica Santa Marta para a Editora Planeta do Brasil em maio de 2023.

2023
Todos os direitos desta edição reservados à
Editora Planeta do Brasil Ltda.
Rua Bela Cintra, 986, 4º andar – Consolação
São Paulo – SP – 01415-002
www.planetadelivros.com.br
faleconosco@editoraplaneta.com.br

Para minha mãe

*Em poesia, que é a voz de fazer nascimentos,
o verbo tem que pegar delírio.**

MANOEL DE BARROS

Prefácio

"Não era a mãe que eu conheci, mas também não era a mãe que me afastou. Era uma terceira mãe. Mãe-poeta. E eu gostei."

Há uma potência única nessa frase, no que diz e no que se esconde em suas entrelinhas. Bettina fala da vida ao lado da mãe quando a mãe que conhecia desapareceu. E fala da capacidade mágica de se conectar com o que vai além do pensamento racional, cartesiano. Da riqueza que existe em mergulhar nas águas turbulentas que a vida apresenta, mesmo quando tudo o que desejamos experimentar é um banho em um manancial tranquilo.

Certa vez assisti, em uma entrevista na TV, a um casal conversando sobre a vida em família. Falavam sobre a rotina e o dia a dia, até que ele disse: "Ela é o HD externo da família inteira". Eis um papel que muitas mulheres ocupam desde sempre, as guardiãs das memórias, dos endereços, das histórias, dos compromissos, das datas que não podem ser esquecidas. Em *Afetos colaterais* conhecemos uma memória que transbordou, que brincou com as datas, que embaralhou as histórias, que inventou um instituto e nele se ocupou com muitos compromissos. Um HD que deixou de ser externo, internalizou-se, transformou-se numa fábrica ilógica de fantasia e poesia. Quando isso acontece, em regra, nos esforçamos para devolver aos nossos amados um tanto de racionalidade. Nos agarramos a cada fileto de sanidade como se só pudéssemos nos relacionar com o que se enquadra no que pode ser medido e compreendido. Bettina nos conta a ousada jornada de quem se aventura no caminho inverso. De quem se permite desaprender, encontrar tios em garrafas, realizar cirurgias que tiram cachos de marimbondos, namorar o vento e descobrir caixas cheias de sol.

Como uma criança curiosa e entusiasmada, ela seguia as pistas deixadas pelo que a maioria de nós entenderia como devaneios. Quem dona Christiane representava? Será que se cercar da companhia dos que já se foram era só um sintoma de saudades? Quantas mães nós conseguimos ser em uma única existência?

A história que acompanhamos aqui não nega as dificuldades. Não apaga as dores, não finge não sentir os nós na garganta e a vontade de fugir. Mas vai além delas. Não se permite definir pelas ausências e perdas, mas pelo que abunda. Pelo que é tão grande e indomável que não se permite apagar. A vida é bela, em toda a sua incoerência e imperfeição. E há que se ter coragem e sensibilidade para enxergar o belo em meio ao caos.

"De todo modo, não era minha mãe que precisava sair daquele mundo onírico. Era eu que mergulhava para encontrá-la. Então saltei nas suas águas sem filtro, sem senso, sem juízo, sem lógica."

Que saibamos reconhecer os momentos que nos pedem saltos profundos, insanos e ilógicos.

Que abunde em nós a capacidade de ver a beleza que reside além da obviedade.

Que transbordemos poesia.

Espero que este livro te inspire. Te provoque. Te acarinhe.

Um abraço apertado,

ELISAMA SANTOS
Escritora e psicanalista

— A banana está com os olhos cheios de lágrimas.

— O cajá-manga tem amenidades.

— As macaúbas ficaram muito sérias.

Uma doença neurodegenerativa encontrou minha mãe no meio do caminho. E ela sorriu docemente.

Teve medo? Sim, o desconhecido sempre assusta — assim como as baratas e as tempestades.

Os muitos medicamentos provocavam efeitos colaterais.

A vida seria assim, então, só ausências, delírios e alucinações?

Para quem tinha tanta beleza, por dentro e por fora, era pouco demais.

Minha mãe não fez do limão uma limonada — seria óbvio para alguém como ela. Minha mãe plantou um pomar particular.

Li que, quando um limoeiro não quer dar frutos, você precisa colocar pesos em seus galhos e machucar seu tronco. O machucado que cortou profundamente minha mãe foi quando o Ita, meu irmão mais velho, entrou em coma e ficou em estado vegetativo por quinze longos anos. Nossa família é pequena, mas tentamos cercá-la de um amor imenso. Fabio é meu irmão mais novo. Ele é casado com a Dani e juntos têm três filhos: Isabella, Fabinho e Derek. Bruna é minha filha mais velha, Lucca e Maria são meus filhos gêmeos. O José de Abreu é o único irmão da minha mãe e pai de cinco sobrinhos muito amados por ela. Ainda assim, e apesar do peso, das dores, das cicatrizes, minha mãe frutificou. Acho que minha mãe ficou meio Manoel de Barros. A forma que ela passou a verbalizar a vida me lembrava o meu poeta favorito.

Eu tentava entender, interpretar e refletir sobre o que ela só dizia nas entrelinhas.

Com frases e situações simples, leves e até divertidas, minha mãe abriu as janelas do luto e semeou poesia no meu dia a dia.

Anotei durante anos as nossas conversas, seus pensamentos e os caminhos às vezes tortuosos de suas sinapses. Desses escritos nasceu o *Afetos colaterais*.

— Bê, você viu o que a
dona Denise fez?

Não, eu não sabia o que a dona
Denise havia feito, tampouco
quem era a dona Denise.

— Ela está copiando minha casa. Olha a foto de vocês! E eu olhava as nossas fotos, minha e dos meus irmãos, exatamente iguais, penduradas na parede da sala, do mesmo jeito, há mais de quarenta anos.

— Viu? Você tá de ponta-cabeça, o Ita vestido de vereador e o Fabio vestido de macaco. A dona Denise não me engana. Vamos embora, aqui não é minha casa.

Quando começou a acontecer, era muito aflitivo. Personagens entravam na nossa história sem serem convidados.

Você quer puxar a pessoa da escuridão percorrida pelos pensamentos desconexos e não consegue.

A impotência te assusta, te irrita, te confunde, te angustia. É um misto de raiva e carinho.

Por um momento, além de não saber quem é a dona Denise, você fica sem saber quem é a sua mãe.

Depois de muitas tentativas e erros, percebi que a maior dor da minha mãe era também a que conseguia trazê-la de volta à realidade. Era o meu irmão Ita, em coma, quem jogava a âncora para ela.

Então, muitas das nossas conversas ao telefone, no pôr do sol, começavam assim:

— Vem me buscar, estou na Rodovia Raposo Tavares e não sei como voltar.

— Mãe, o Ita está na Raposo Tavares?

— Não, tá no quarto.

— Entra no quarto dele. — A cuidadora a levava até lá. — Viu? Se o Ita tá aí, você também está em casa, e aí não é a Raposo Tavares.

Em muitos dias o fim de tarde era um desafio para minha mãe. Era o horário em que ela chorava ou ficava mais ansiosa e perdida.

— Tenho medo do horário da Ave-Maria — ela dizia.

Descobri que muitas pessoas com Alzheimer – que não era o caso da minha mãe – ou com outras alterações cerebrais apresentam uma condição chamada de "síndrome do pôr do sol".

Ela é associada a sintomas depressivos e de déficit cognitivo, provavelmente afetados pelo relógio biológico dos pacientes ao anoitecer.

Uma das formas de ajudar é "distrair a pessoa, fechar as cortinas para diminuir as sombras, mas lembrar de acender as luzes".

Decidi que, se minha mãe precisava diminuir as próprias sombras e enfrentar a escuridão, ela não estaria sozinha. Eu mergulharia com ela e acenderia as velas do caminho.

— Meu umbigo não sai?

— Onde tá meu pinto?

— Eu não tenho mais pelo?

— Acho que minha
boca diminuiu.

Minha mãe estava se conectando com um corpo que não conhecia, enquanto eu ia me habituando com uma mãe que eu não reconhecia.

Tá certo que a evolução da doença, depois de um período em que antes só havia pesadelo, nos trouxe outros sonhos e horizontes. Mas é impossível dizer que era bom.

Segurar a mão dela, por exemplo, era muito, muito diferente. O Parkinson tem muitos sintomas. Um deles é o movimento involuntário. Então, ao dar as mãos para a minha mãe, não havia repouso, quietude, sossego. Era como se ela quisesse se desvencilhar de mim o tempo todo.

Não havia mais silêncio. Ela sempre vocalizava baixinho algum murmúrio, algum lamento incompreensível.

Minha mãe não tinha tremores, mas sim flutuações motoras. Às vezes ficava difícil conseguir sair do lugar, tirar o cabelo do rosto, alimentar-se sozinha.

Momentos *on* e momentos *off*. Minha mãe desligando e ligando como um brinquedo.

Sem dificuldade para subir escadas. Com dificuldade para passar pelos vãos das portas. Que sentido havia nisso?

Ela não conseguia mais dirigir, mais cozinhar, até não conseguir mais andar.

O Mal de Parkinson. O Mau do Parkinson.

E se acumulavam reações adversas, efeitos colaterais, doenças secundárias. Distúrbios do sono, ansiedade, pânico, depressão.

Uma vez uma amiga, cuja mãe sofria de Alzheimer, me disse que a doença era difícil pra quem cercava o parente, por ele não mais se lembrar dos filhos, netos, amigos. Mas a mãe dela mesmo parecia feliz. Estava sempre em uma festa.

Minha mãe nunca se esqueceu de nenhum de nós. A perda de memória é diferente no Parkinson. Em contrapartida, ela percebia todas as suas mudanças e limitações.

As alucinações e os delírios trouxeram de volta o que havia ficado no caminho. Dia a dia, minha mãe se esquecia da instabilidade da doença e do fato de ela ser incurável.

A realidade difícil ficou mais leve. As limitações físicas impostas se diluíam na fantasia. Minha mãe podia tudo outra vez.

Em muitos dias eu agradeci a demência. Que loucura.

— Bê, vou te contar uma coisa, mas não conta para ninguém. Hoje eu falei muito tempo com a Sônia, mãe do Paulo, mas ela já morreu. Isso não tá certo.

A Sônia era mãe de um namorado que tive na adolescência.

Na época em que minha mãe me contou essa história, os delírios eram mais sutis e esporádicos. Tinham um jeito de sonho. No máximo, um sonho acordado.

Ela passava momentos absolutamente lúcida. E ainda se assustava com o que ela mesma criava. Ou falava. Ou enxergava.

Eu me sentia meio Sancho Pança, testemunhando algumas lutas quixotescas da minha mãe contra moinhos de vento e seus próprios fantasmas.

Mas a doença era progressiva, degenerativa, incapacitante, disfuncional, limitante, cruel. O tempo é implacável, e quanta impotência em não poder pará-lo!

Por quê? Pra quê? Que raiva. Que dó. Que dor.

Minha mãe escapando pelos dedos e escorrendo pelas mãos.

Em nenhum momento me permito romantizar a doença. É muito difícil. Dificílimo. Extenuante para quem cuida. Doloroso para quem ama. E vice-versa.

Eu não podia tratá-la porque não sou médica. Não podia entendê-la porque não sou psicóloga. Não podia salvá-la porque não há salvação.

Eu sempre criei e contei histórias para crianças. Agora era minha mãe quem criava uma nova história, com vilãs, fantasmas, bananas melancólicas e heróis.

Mas no faz de conta também tem dor. Chapeuzinho perdia a vovó, João e Maria perdiam o caminho, Coelho Branco perdia a hora, Cinderela perdia o sapatinho e eu perdia minha mãe.

Mesmo assim, aquele era meu território. E eu encontrei um balão de oxigênio, uma fresta de ar para respirar por nós. Um sopro fresco num machucado em carne viva. A possibilidade de me despedir da lucidez e reverenciar a alucinação.

— Eu perdi o ônibus e a voz.

Não era só uma figura de linguagem. Ao envelhecer, as pessoas perdem a voz, perdem a vez, se tornam invisíveis.

Vai havendo um apagamento em vida, um silenciamento. Alguém responde pelos mais velhos como se não estivessem mais ali.

Muitas vezes quando levava minha mãe a algum lugar era sempre a mim que se dirigiam.

— Ela usa qual tamanho?
— Ela gosta de molho na salada?
— Ela está sentindo o quê?
— Ela consegue sentar mais pra cima da cadeira?
— Tem alguém cego na família?

Tem algum cego na família? Já contei essa história uma vez, mas de tão indignada conto de novo.

Há uns anos, levei minha mãe à oftalmologista do convênio. Seria uma consulta de rotina, talvez para trocar o grau dos óculos. Depois de um exame detalhado em um aparelho, a médica fez a pergunta:

— Tem alguém cego na família? Porque sua mãe está ficando cega.

Fiquei sem reação, atrapalhada, e mais preocupada que minha mãe não tivesse ouvido a bomba dita pela médica do que lembrar se tinha alguma pessoa com deficiência visual na família.

A médica continuou:

— E é coisa de poucos meses. A córnea está completamente torta, turva, nunca vi desse modo.

Sem tato. Sem jeito. Sem coração. Não falou uma palavra com a minha mãe. Nada.

Fiquei desesperada. Mais essa perda? O Fabio disse para levarmos a outro oftalmologista, amigo dele.

Na consulta, o médico me ignorou. Gostei. Ele perguntou tudo diretamente para a minha mãe.

Na hora do exame clínico, a surpresa:

— Quando a senhora colocou essa lente de contato?

— Não lembro!

Quase morri.

— Mãe, você está com lente de contato?

— Não lembro!

Sim, ela estava, nos dois olhos, havia mais de um ano! Ela havia colocado quando ainda conseguia fazê-lo. E esqueceu-se de tirar. E de me avisar.

Claro que me senti culpada. Com vergonha do médico. Mas ele me acalmou e disse que era muito mais normal do que parece. A gente falha, mesmo querendo acertar.

Acho que muitas vezes eu roubei a voz da minha mãe e respondi por ela. Mas com o tempo percebi que deixar ela falar qualquer coisa, com ou sem sentido, era o bastante para ela se sentir presente.

Se minha mãe perdeu o ônibus? Não sei, essa pergunta tem de ser feita para ela.

— Vovó, como você faz aquela sua mousse de limão?

— É fácil, filhinha, você bate uma lata de leite condensado, uma lata de creme de leite, uma lata de... formiga.

Nos primeiros tempos dos efeitos colaterais dos remédios, eu corrigia a minha mãe, maquiando a realidade para ela ainda ser ela.

Falava que claro que as formigas não poderiam fazer parte das receitas, nem os carrinhos de rolimã nem o cartão postal de Veneza.

Mas para que mesmo apontar o erro e a fragilidade? O que isso mudaria no mundo?

As melhores receitas sempre foram as dela. A cozinha era seu trono de ferro na fortaleza vermelha. Agora, ela tinha pouco a contar e a fazer nos almoços de família, e toda a sua sabedoria era colocada à prova.

Percebi que eu precisava escolher nossas batalhas.

Todas as vezes em que minha mãe elaborava uma frase e, no meio do pensamento, a memória trapaceava o desfecho de sua fala, eu tentava desvendar e validar o raciocínio.

As formigas sempre foram as grandes vilãs das doçuras da minha mãe. Não importava se em cima da mesa, da geladeira, coberta com tampas ou panos, imersa em um prato com água, as formigas, milhares ou apenas duas ou três, encontravam uma forma de experimentar nossa sobremesa.

— Que bom que você descobriu um jeito de afastar as formigas, mãe!

— Descobri? — ela dizia, sem muita convicção.

— Sim, porque não tem nenhuma na mousse.

— Não, né? Espalhei umas folhas de louro na toalha e acho que elas não gostam do cheiro.

Não importava o que ela tinha feito ou não tinha feito. Se tinha mousse ou não tinha mousse. Se algum dia as formigas não tivessem mais jeito de alcançar nossas sobremesas de fato.

O que realmente importava é que minha mãe não tinha fracassado de novo, novamente, mais uma vez.

Hoje tenho certeza de que o segredo das delícias que ela preparava, guardado a sete chaves, era colocar em todas as receitas algumas gotas de um leite (leite de mãe, de afeto) condensado.

— Tô com dor entre os incisivos e a bunda.

Quando minha mãe me falou essa frase, achei que era mesmo uma dor imensa, dessas que você não sabe nem o que falar, por onde começar e se leva ao dentista ou ao ortopedista.

Era um momento de perdas, mas também era tempo de enganar o cérebro e o cérebro enganar o tempo.

A função de defesa, autoproteção e de controle de pensamentos que o cérebro tem dava lugar a uma série de licenças poéticas e a uma visão quase infantil do mundo.

Em uma das vezes que passamos a noite no hospital, ela estava com um oxímetro preso ao dedo.

No escuro, vi que ela levantou as mãos e brincava com a luzinha do aparelho no ar.

— Mãe, você vai desconectar o oxímetro.

— Que oxímetro?

— Esse aparelho com a luz preso no seu dedo. Para de mexer. A enfermagem está monitorando seus batimentos.

— Ah, tá!

Minutos depois, as mãos levantavam e buscavam a luzinha vermelha.

— Mãe!

— O quê, Bê?

— Abaixa as mãos!

— Tô dormindo já! Não tô mexendo em nada!

Foram muitos os pedidos para parar de brincar e outras tantas respostas fugitivas. A única coisa que importava para ela era aquela luzinha vermelha suspensa no ar.

Era um vaga-lume, um Natal fora de época, o ET telefonando para casa?

As mãos balançando no escuro pareciam as de um bebê no berço. Não tenho certeza se foi naquela noite que entendi que havíamos trocado de papel.

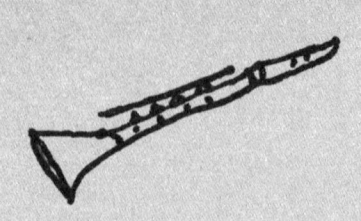

— Em cima do muro tem duas bolas e uma clarineta. Se você assopra aquele chocalho, ele abre com muita facilidade.

Essa foi uma das primeiras vezes que minha mãe viu coisas que não existiam. Ela estava na minha casa, olhando para o jardim e falou:

— Em cima do muro tem duas bolas e uma clarineta.

— Onde, mãe?

— Ali!

— Ali não tem nada.

— Olha daqui.

Me sentei ao lado dela.

— Mãe, não tem nada no muro. Na árvore tem um bebedouro de beija-flor. É ele que você está vendo?

— Não.

Voltei para o meu lugar. Conversamos bobagens, almoçamos, vimos fotos antigas. Ela adorava ver as fotos antigas.

— Se você assopra aquele chocalho, ele abre com muita facilidade.

— Qual chocalho, mãe?

Não percebi ali que algumas portas estavam se fechando devagar e que nunca mais seriam abertas.

Mais tarde entendi e desejei que as portas fossem como o chocalho que se abre com muita facilidade. Durante algum tempo procurei pelos segredos que voltariam a abrir aqueles portais.

"Abre-te, sésamo!" é uma expressão mágica da história do Ali Babá usada para abrir o esconderijo, onde os quarenta ladrões escondiam tesouros.

O sésamo é o gergelim, vagem que se abre devagar e facilmente, espalhando assim suas sementes.

As portas da mente da minha mãe foram lacradas, mas ela deixou um punhado de sementes para fora. Eu sou como um dos quarenta ladrões, só que, em vez de esconder, escolhi espalhar esses tesouros.

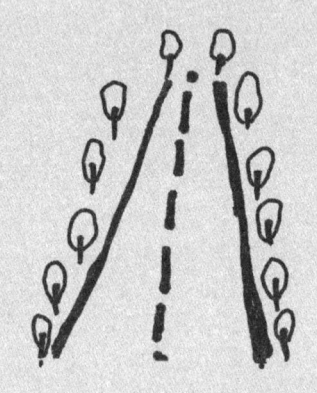

— E onde fica esse Instituto, mãe?

— Uns quarenta minutos daqui de casa.

— Mas não é um pouco longe pra ir e voltar no mesmo dia?

— Não, Bê, a estrada é boa. Num minutinho a gente tá lá.

A ida da minha mãe a esse Instituto era tão frequente que ele virou protagonista de muitas das nossas conversas.

Minha mãe ia até lá às vezes dirigindo, às vezes no carro de alguém, outras vezes de van.

Visitava o lugar com amigas de infância, amigas do clube e amigas que não estão mais aqui. De manhã, à noite, ontem, amanhã, último sábado, próximo domingo…

Eram muitos eventos e muitas viagens até lá.

Dona Christine era a diretora do tal Instituto e ela foi a maior antagonista das histórias colaterais criadas pela minha mãe. Muito mais que a dona Denise: aquela que minha mãe dizia que copiava a casa dela tentando enganá-la desapareceu de uma hora pra outra.

Dona Christine, não. Ela veio pra ficar por muito tempo. Era francesa, soberba, antipática, chique e muitas vezes ríspida com a minha mãe. Minha mãe parecia insegura sempre que havia a chance de cruzar seu caminho com dona Christine.

— Bê, com que roupa você acha que vou amanhã ao Instituto?

— O que vai ter lá amanhã, mãe?

— Dona Christine vai servir um almoço pra todas nós do Damas de Esmeralda.

— Acho que o conjunto turquesa fica lindo em você.

— É, eu tinha pensado em ir com ele. Você me ajuda a escolher o sapato?

Para cada ida ao Instituto, a gente então escolhia o sapato, o colar, os brincos, o perfume que minha mãe iria usar. Deixava o conjunto preparado sobre a poltrona até a próxima comemoração.

Nos primeiros tempos, a cuidadora ficava confusa, sem saber se era preciso realmente arrumá-la para ir a lugar nenhum.

Depois entendeu que o essencial era o ritual da escolha, das vontades legitimadas, do tempo gasto para minha mãe ainda ser ela mesma. Um faz de conta amoroso e necessário.

Mesmo porque minha mãe precisava estar segura para encontrar a terrível dona Christine, que, embora fosse uma fantasia, fazia minha mãe sofrer. E, sem qualquer lógica, toda a família também passou a odiar a tal francesa.

— Oi, mãe. Dormiu bem?

— Dormi, sim. Ele atravessou o mar e me cobrou 15%.

— Por quê?

— O quê?

— Por que ele te cobrou?

— Quem?

— Ele.

— Ele quem?

— Não sei, mãe, você falou: ele atravessou o mar e me cobrou 15%.

— Imagina se eu falei isso.

Silêncio.

— Ah, Bê, você é tão engraçada...

Sempre tive uma relação ótima com a minha mãe. Eu adorava estar com ela. Ela era parceira, mas era mãe. Era amiga, mas era mãe. Era avó, mas era mãe.

Quando a doença começou a mostrar as suas garras, minha mãe ficou... como posso dizer de um jeito bom? Insuportável. Em nada lembrava ela: era um tanto egoísta, teimosa, impaciente, preconceituosa.

Por causa disso, abrimos uma rachadura na nossa relação. Era muito triste pensar que, depois de anos de amor, eu me despediria dela com raiva.

Desde que a demência se estabeleceu, minha mãe foi julgada: por mim, pelos outros, pela ciência, pela razão. Mas ela não tinha mais o direito de julgar.

Lembro-me de que quando pequena eu ouvia que algumas tias e tios velhinhos tinham ficado caducos.

Caduco, no dicionário, significa "tornar-se mentalmente perturbado por efeito do envelhecimento". Ou quando um direito ou um contrato é invalidado, prescrito, está fora do prazo de validade.

Eu tinha então uma mãe perturbada, fora do prazo de validade?

Sua maternidade prescreveu? Era agora uma vida sem valor?

De alguma forma, os delírios nos resgataram. Era como se tivéssemos usado a técnica de restauração japonesa que emenda com ouro uma peça quebrada ao mesmo tempo que a valoriza e aceita suas imperfeições. As alucinações foram nosso *Kintsugi*. Emendamos nossas cicatrizes com a riqueza interna e o universo poético da minha mãe.

Quando eu invertia os papéis, querendo legitimar seus julgamentos e entrar em seu infinito, ela me julgava engraçada, *triste, louca ou má*,[1] me empurrava para fora do luto – eu era aquela filha outra vez, e ela minha mãe outra vez.

Eu voltei a desejar estar ali ao seu lado, pra sempre.

— Não sei onde deixei
meus olhos.

Para uma mãe, não saber onde deixou os olhos é sempre desesperador. Porque as mães *dormem olhando os filhos com os olhos na estrada.*[2]

Todas as mães.

Na Ucrânia, no quarto ao lado do filho em coma, na Síria, na Palestina, na Zona da Mata de Pernambuco, em Mali, nas aldeias Ianomâmi, no Iêmen, nas comunidades cariocas, no Sudão, nos campos de refugiados.

Não importa onde, não importam quais.

Mães sofrem, e a gente não deve ter olhos só pra algumas.

— Por que você está se benzendo, mãe?

— Olha quanta Nossa Senhora aqui na praia! Que lindas! Por que será que elas estão na areia?

Foi a última vez que molhamos os pés na água do mar. Minha mãe sempre amou praia. Ela amava o sol – e o sol a amava também.

Naqueles tempos, já era difícil para minha mãe se equilibrar e andar na areia sem ajuda.

Entrar no mar já não era uma escolha, dava medo. E caminhar até a bica de água doce era longe, e tomar caipirinha era contraindicado, e se deitar na canga era impossível.

Era difícil para eu me equilibrar diante de tantas impossibilidades.

Fiquei ali parada com ela, de frente para o mar, a água indo e vindo e cobrindo nossos pés. Deu vontade de chorar. De raiva, eu acho.

Quando viramos para voltar para a sombra, minha mãe se benzeu e aconteceu esse diálogo. No lugar de dezenas de guarda-sóis brancos, grandes, fechados e enfileirados, ela enxergou uma turma de Nossas Senhoras, uma ao lado da outra.

Posso dizer que minha mãe viu a luz no fim do guarda-sol.

Depois desse dia, nunca mais os guarda-sóis foram os mesmos para mim. Resolvi ter certeza de que as diferentes cores são os mantos de cada Nossa Senhora.

— Brócolis e Amador Aguiar
  são bons pra fazer sopa.

Por quê? Por que logo os brócolis, que nem são tão gostosos assim? Por que não mandioquinha, salsão, tomate ou cenoura?

Por quê? Por que o Amador Aguiar? Por que um banqueiro seria um bom ingrediente para uma sopa? Por que não o Abílio Diniz, o Francisco Cuoco, o Bial ou o Jorge Aragão?

Confesso que dessa vez não entendi a ligação das sinapses da minha mãe. Talvez a minha falta de familiaridade com as receitas tenha sido um impedimento.

Então eu disse:

— São bons ingredientes mesmo, mãe?

— São ótimos.

— E você tá com fome?

— Não.

— Essa sopa de brócolis e Amador Aguiar é a sua sopa preferida?

— Imagina! Gosto muito mais de outras!

Eu também.

— Mãe, quais eram mesmo os nomes dos filhos da tia Clélia e do tio Lupicínio?

— São onze filhos. Tem um que eu sempre esqueço.

— Então vamos lembrar...

Quando a gente ainda estava entendendo as confusões que minha mãe fazia, achando que a memória dela estava embaçada, desfocada, com uma névoa engolindo a realidade, dava um medo de que ela se esquecesse da gente, dos nomes, dos netos, dos filhos. Então, eu preparava uma "chamada oral".

Pedia para ela falar a lista dos aniversários da família, a lista dos nossos cachorros, a lista dos nomes dos tios maternos que ela tinha, a lista das cidades dos campeonatos de vôlei máster de que ela participava, a lista de ingredientes de uma receita. Quando minha mãe acertava, era um alívio enorme.

A minha lista preferida mesmo era a dos filhos da tia Clélia, irmã do meu avô, e do marido dela, tio Lupicínio. Os nomes dos filhos eram a combinação dos nomes dos pais.

1. Clepino
2. Clenólia
3. Lunocília
4. Lucinólia
5. Lucleno

6. Lucília
7. Lucélia
8. Clecília
9. Lupércio
10. ...
11. Mainard

Sempre faltava um. Em qualquer contagem da minha mãe, o décimo da lista não aparecia. Na verdade, Lupércio e Lucília demoravam a ser lembrados.

É uma parte da família com que a gente não tem mais contato. Meu avô morreu quando minha mãe era adolescente, e eu conheci a tia Clélia quando era muito pequena, em Goiás Velho. Depois nunca mais.

Quando conseguimos pescar na memória da minha mãe quase todos os nomes da lista, escrevi no bloco de notas do celular para garantir que esse tesouro familiar estaria seguro. Porque tem um ditado africano que diz que quando morre um velho é uma biblioteca que se incendeia.

Acho que a gente tentava resguardar a nossa biblioteca emocional, o nosso patrimônio imaterial manifestado nesses saberes únicos, como o saber da tia Clélia em escolher tantos nomes... feios.

O curioso é que o último filho deles se chamava Mainard. Sem qualquer explicação.

— Por que será que ela escolheu Mainard?

Eu então inventava para minha mãe um diálogo entre tia Clélia e tio Lupicínio.

Quando nasceu o menino, tio Lupicínio perguntou para a esposa antes de registrar a criança.

— E agora?

Sem mais inspiração para a combinação de nomes, ela quis dizer.

— Agora? Mais nada.

Só que o goiano tem um jeito próprio e singelo de falar. Ele encurta as frases, usa muito o diminutivo e às vezes esquece-se do "S" das palavras.

A resposta da tia Clélia para o marido deve ter sido assim:

— Agora? Mainad.

Tio Lupicínio, sem questionar, foi ao cartório e registrou o filho: Mainard.

Ela adorava essa história e ríamos juntas.

Minha mãe foi embora sem completar a lista. Quem souber o nome do décimo filho ou filha da tia Clélia, por favor, entre em contato. É a figurinha brilhante do nosso álbum.

— Bê!

— Oi, mãe, tô aqui embaixo.

— Vem aqui.

— Já subo!

— Sobe logo!

— Aconteceu alguma coisa?

— Aconteceu.

Subi os degraus de dois em dois. Ela parecia aflita.

— O que foi, mãe?

— Eu sei falar Margareth.

Que bom saber disso. Muito bom. Essencial. Importante. Fundamental.

Quase colocar o coração para fora e perder o fôlego na escada estava justificado. Minha mãe sabia falar Margareth.

Mar - ga - re - th!

— Pior casamento que existe
é avenca casar com alho.

Minha mãe era das plantas. Amava lágrimas-de-cristo, manacás, lírios, rendas-portuguesas e as tais avencas.

Minha mãe também era das músicas. Gostava de cantar um trechinho quando falava sobre algum assunto.

Oh poesia, me ajude, vou colher avencas, lírios, rosas, dálias...[3] — essa música era tão triste. E tão linda. Uma das preferidas da minha mãe.

"Frágil como uma avenca" era uma expressão que ela usava para se referir a alguém que estava muito triste, doente ou sensível.

Porque a plantinha tem mesmo os seus caprichos. Elas crescem com facilidade na natureza, mas são difíceis de serem domesticadas. São exigentes dentro de casa. Detestam o vento. Não gostam de sol direto nem da escuridão. Dizem que as gotas de chuva escorrem sobre as folhas da avenca, sem conseguir molhá-las.

Já o alho, horror do meu pai, tem seu cheiro desagradável causado por um óleo volátil, que faz parte de sua constituição. Uma lenda islâmica diz que, quando Lúcifer foi expulso do Paraíso, no chão em que ele pisou brotou um pé de alho.

Com tantas diferenças – a avenca com personalidade forte e cheia de quereres próprios e o alho fedido e criado pelo demônio –, minha mãe com certeza estava certa quando disse que o pior casamento era entre eles.

Porque ela sempre foi de cultivar essa sabedoria popular.

Eu, por exemplo, voei de teco-teco e tomei chá de cavalo-marinho para me curar de coqueluche quando era pequena.

Uma pasta aquecida feita com gengibre e açafrão cobria por alguns minutos diários meu inchaço provocado pela caxumba.

Minha infância e meus galos na cabeça tinham cheiro de emplastro de álcool e arnica.

Aprendi que o gargarejo de chá de casca de romã é bom para garganta, o de folha de pitanga cura diarreia e o de guaco alivia a tosse.

Para criança que demora a falar, é bom dar água na concha ou fazer com que um pintinho pie perto da boca da pequena.

Todos esses rituais de cura faziam parte de uma sabedoria incorporada pela minha mãe, que nasceu, assim como a sabedoria, em Santa Rita do Passa Quatro.

(Meu pai brincava que Santa Rita, cidade do interior de São Paulo com pouco mais de vinte mil habitantes, era o epicentro do mundo. Todo mundo conhecia alguém de lá, todo mundo já tinha passado por lá, todo mundo tinha ouvido uma história de lá.)

Naquele dia do comentário sobre o casamento das plantas, senti a falta antecipada desses saberes. Há uns meses, sua voz estava frágil como uma avenca e volátil como o alho.

A cada dia se aproximava mais o interminável vazio de sua voz.

— Eu namoro o vento.

— Eu usei uma lição da chuva.

— Hoje eu abri uma
caixa cheia de sol.

Minha mãe parecia ter uma lente de aumento para as sutilezas diárias da vida.

Não parecia delírio, alucinação ou doença.

Não era demência. Era poesia.

Era tão, tão bonito. Talvez porque eu fosse sua filha. Talvez porque assim ela voltava a ser minha mãe.

— O Fabio disse que eu não preciso chamar ele de senhor.

Se o Fabio tivesse ouvido a minha mãe falar essa frase, ele certamente diria:

— Que é isso, mãe? Nunca te pedi pra me chamar de senhor!

Meu irmão reagia aos delírios da nossa mãe de maneira mais literal. Ele se confundia com as confusões dela e tentava trazer algum sentido para um fio da meada há muito tempo perdido.

Cada filho lidava de um jeito. Eu assim, brincando. O Ita dormindo, acho que para não ver, e o Fabio não vendo, mesmo acordado. É muito duro se despedir em vida de alguém que a gente ama, e acho que algumas pessoas demoram a aceitar que as coisas mudaram de vez.

O Fabio nunca conseguiu entrar no mundo de fantasia em que a nossa mãe passou a viver. Mas também nunca desistiu de tentar transformar esse mundo aqui no melhor possível para ela.

Sempre trazia dos restaurantes dos amigos uma comida de que minha mãe gostava. Pastel, chouriço, hambúrguer. Mesmo quando ela foi ficando com mais dificuldade de engolir, e o recomendado era só oferecer comidas mais pastosas, ele trazia a torta de nozes-pecã preferida dela. E com nozes inteiras!

No último almoço do meu aniversário que passamos todos juntos, uma semana antes da pandemia realmente começar, minha mãe se engasgou silenciosamente com a calda de brigadeiro do sorvete da sobremesa.

Eu estava ao lado dela e não percebi. A boca foi ficando roxa, quase azul-marinho. O Fabio já tinha saído da mesa. Quando a Bruna percebeu, levantou e avisou:

— A vovó tá engasgada!

Tudo ficou em câmera lenta. Alguns tamparam os ouvidos, outros paralisaram. O Lucca segurou a mão dela. A Maria subiu os degraus de três em três procurando a ajuda do enfermeiro do meu irmão. E só o que se ouvia na mesa eram diferentes vocativos: dona Maria! Vovó! Mãe!

Até que a Dani gritou pelo Fabio.

Fabio é investigador de polícia. Ele está acostumado a correr em direção ao perigo, quando todo mundo corre para o outro lado.

E foi assim que ele fez naquele sábado.

Fabio voltou depressa para a mesa e, sem hesitar, levantou minha mãe, fez as manobras necessárias em câmera rápida e ela finalmente respirou.

Respiramos.

Minha mãe não precisava mais chamá-lo de senhor. Talvez de herói?

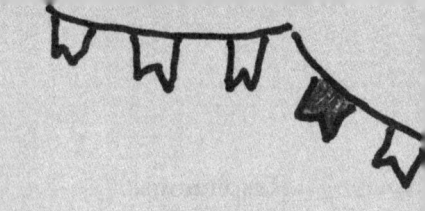

— Lá na igreja não tem sino, não, dona Maria.

— Tem Sino, sim.

— Tem?

— Sino é o meu marido.

— É?

— É. Eu chamo ele de Sino.

— Que bom então, né, dona Maria?

Esse foi o fim de uma conversa entre minha mãe e a Lúcia.

Lúcia trabalhou um tempo como cuidadora da minha mãe. Depois o marido ficou doente e ela cobria algumas folgas ou às vezes só visitava mesmo.

Um dia, em uma festa junina, Lúcia apareceu pra ver minha mãe. Minha mãe sempre gostou de festa junina. A decoração, as comidas, as músicas. Todo ano eu fazia uma festa só para ela. Chamava os seis netos, meu irmão e minha cunhada. Fazia quentão sem álcool, bolo de milho, pipoca e pinhão.

De longe, ouvi toda a conversa entre elas:

— Que tipo de música você ouve, Lúcia?
— Onde?
— Na sua terra.
— No São João?
— Sim.
— Um bocado de tipo de música de São João.
— E come?
— Como.
— Come o São João?

— Quem?
— Seu pai.
— Se o pai come o santo?
— É.
— Não come o santo, não. Só reza.
— O Sino reza também.
— Onde?
— Na igreja.
— Lá na igreja não tem sino, não, dona Maria.
— Tem Sino, sim.
— Tem?
— Sino é o meu marido.
— É?
— É. Eu chamo ele de Sino.
— Que bom então, né, dona Maria?

Minha mãe chamava meu pai de Sino mesmo. Um apelido carinhoso, mas não sei explicar o porquê.

A Lúcia foi buscar um pedaço de bolo. No caminho, ela me avisou:

— Sabe que meu marido tá igual a dona Maria? Faz muita confusão. E sabe o que é bom? Cantar para ela. Música disfarça a maluquice.

Ela voltou para perto da minha mãe e as duas cantaram, de mãos dadas, "Capelinha de melão".

Não existiu uma vírgula nesse diálogo que não fosse a expressão máxima de carinho e amor.

— Terça-feira fui ao Instituto com a Cecília e com o farmacêutico. Teve um sarau lá. O Maurício foi tocar violão. Fiquei até tarde.

— Que gostoso, mãe. E você adorou? Cantou muito?

— Não cantei nada. Não conhecia nenhuma música que ele tocou.

O que eu achava mais incrível era que, apesar de o Instituto e o que acontecia lá serem idealizados, criados pela minha mãe, muitas vezes ir até lá não era bom. Na verdade, era só ruim.

— Domingo almocei no Instituto.

— A comida tava boa, mãe?

— Não. Uma carne tão dura, seca. Não dava para comer.

Ou:

— Tava um sol no Instituto. A gente passou a tarde perto da piscina.

— Tomou sol, mãe? Nadou?

— Não levei maiô. Passei um calor! Eu tava de bota.

Acho que reclamar compõe o cotidiano. Traz uma naturalidade, uma humanidade para a vida. Mostra que você ainda faz parte.

Vida perfeita? Nem nos delírios da minha mãe.

— O olho direito do Ita caiu no chão, o enfermeiro novo pegou e colocou no lugar. Ele disfarçou, mas eu vi.

Minha mãe estava indignada havia dias com essa situação. Ela jurava que o enfermeiro havia deixado o olho do meu irmão cair no chão e rapidamente ter recolocado no lugar.

Depois disso, ela não dormia bem, não comia direito, estava desconfiada e aflita. Aquilo tinha sido motivo para uma mudança de humor.

Achei melhor marcar uma consulta com o neurologista dela. Geralmente essas mudanças repentinas e insistentes eram causadas por alguma dosagem de remédio inadequada ou uma interação medicamentosa.

Deixei minha mãe na sala de espera com a cuidadora e entrei no consultório antes dela para relatar ao neurologista o que estava acontecendo. Disse que ela andava impaciente, esquecida e confusa muito além do normal.

Quando ela entrou, o doutor Rodrigo, como sempre, recebeu minha mãe com muito carinho. E ela, como sempre, perguntou sobre os filhos dele, acertando os nomes dos dois e também as idades.

E perguntou se ele andava visitando Ribeirão Preto, elogiou os doces mineiros da cidade onde os pais dele moravam, quis saber das novidades no tratamento para as doenças degenerativas.

Ele olhava para mim como se quisesse dizer que ela estava ótima. Nada confusa, nada esquecida e doce como sempre.

— Mãe, conta para o dr. Rodrigo o que aconteceu com o Ita.

Eu a coloquei naquela armadilha talvez para provar para o médico que eu estava certa, que não era eu quem estava delirando. Ou talvez porque eu quisesse compartilhar com ele a minha tristeza.

Eu vivia uma quebra da realidade constante. Com muita frequência, precisava explicar, antecipar, legendar as falas e as atitudes da minha mãe para as pessoas. Conviver com as flutuações da demência e da lucidez era também flutuar em águas caudalosas e abundantes. E às vezes eu cansava de tentar me livrar da correnteza.

— Dr. Rodrigo, o enfermeiro novo deixou cair o olho do meu filho no chão, pegou rápido e colocou no lugar. Mas eu percebi.

— Dona Elvira, a senhora acha que isso que a senhora está falando é possível?

— Claro que não é possível, eu disse que não está certo. O enfermeiro pegou o olho sem lavar as mãos, sem usar luva e colocou de volta. Pode dar uma infecção. Olha que absurdo! Eu que preciso cuidar do meu filho o tempo todo.

À deriva, minha mãe me provava que existe uma lógica materna mesmo na demência.

— Minha filha fez três intervenções cirúrgicas. Tirou o útero, o ovário e um cacho de marimbondo.

Fazia pouco tempo que eu tinha mesmo retirado o útero e os ovários.

Quando cheguei à casa da minha mãe, a ouvi falando ao telefone com uma vizinha sobre a minha operação.

Por que será que ela achava que eu devia tirar um cacho de marimbondo íntimo e pessoal? O que ele representava para ela?

Dizem que quando aparece um cacho de marimbondo em uma casa significa que vai haver mudança.

Para uma mãe de um filho doente a mudança parece bem-vinda. Da doença para a cura. Do adormecimento para a vigília. Ou será da vida para a morte?

Será que então o cacho simbolizava o medo? Ou o pavor da picada? Meu irmão era alérgico a picada de vespas, abelhas e marimbondos. O delírio da minha mãe era a possibilidade de exterminá-los?

Ou será que era o próprio medo que voava tão perto que ela queria extirpar para ele não rondar nunca mais?

Quem sabe não era nada disso, o negócio era comigo e ela acreditava que eu só podia ter um cacho de marimbondo como um órgão para guardar tanta impaciência.

— Fer, acredita que agora a Bê deu pra mandar em mim? — contava ela para uma prima quando se falavam. — Não me deixa cozinhar, dirigir, sair sozinha. Anda uma madre superiora, uma coronel, um bedel de escola.

Será?

Minha mãe desligou o telefone com a vizinha. Eu disfarcei, fingi que não ouvi, mudei de assunto e por uns dias amansei minhas ferroadas.

— Minha mãe anda com muita vontade de viver.

Minha avó materna morreu com 104 anos. Realmente poucos como ela tinham tanta vontade de viver.

Ficou viúva com três filhos, o mais novo com 9 anos e minha mãe com 14.

Mudou-se para a cidade de São Paulo e, como viúva de delegado, conseguiu pensão para ela e para outras viúvas, benefício que antes não era dado.

Perdeu todos os dez irmãos, uma filha, um neto e viu outro neto adormecer.

Andava de ônibus até os 80 anos escondida da minha mãe para assistir a missas em diferentes bairros e furava fila para receber várias vezes água benta borrifada pelos padres.

Amarrava com barbante, fios e fitas um portão de um metro e dez centímetros de altura para evitar assaltos, o mesmo portão que uma criança de 8 anos conseguiria pular com facilidade.

Frequentemente, mandava para Porto Alegre, para o Zé, que é ator, uma caixa de inutilidades: pregos enferrujados, rolo sem papel higiênico, molduras de porta-retratos quebrados, pedaços de arame, caixas de fósforo vazias, revistas velhas.

— O Zé Júnior pode usar essas coisas nas peças dele.

"Essas coisas" igual a lixo.

A vó Gilda insistia em me telefonar para contar casos escabrosos e que eu não tinha interesse nenhum em ouvir.

— Bettina, você ouviu no programa do Gil Gomes que coisa horrível que aconteceu com um homem no Glicério?

— Não, vó, eu não ouço Gil Gomes, porque não quero saber desses casos horrorosos.

— Não queira mesmo saber, porque arrancaram a cabeça dele, colocaram fogo na casa, cortaram os dedos do papagaio, afogaram o gato...

Eu ficava absolutamente em silêncio até ela parar de falar. Ela então se despedia:

— Tchau, mais tarde eu ligo pra gente conversar. Deus te abençoe.

Teimosa, ela não perdia a oportunidade de fazer o que queria no telefonema: me apavorar.

Teimosa, ela andava com muita vontade de viver.

Então, não me assustei quando minha mãe passou a ver a vó Gilda descendo as escadas de casa só de combinação, subindo no abacateiro, esperando as flores nascerem atrás do portão.

Ela observava minha avó arrancando milho no milharal do vizinho, dirigindo um trator, costurando roupinhas de bebê para fora, vestindo uma fantasia de tamarindo de papel crepom, engasgando-se com porco.

E escondendo alguma coisa embaixo da canoa, carregando uma pedra de rio enorme para Tatuí, roubando ovos da toca no Vassununga e desobedecendo, desobedecendo, desobedecendo.

Quando minha mãe me contava as diabruras recentes da minha avó, eu pensava: *é a vó Gilda mesmo, certeza.*

Que sorte. Minha mãe ganhou o poder de ressuscitá-la.

— Eu não lembro se foi a
filha do açougueiro que
costurou meus dentes.

Li um artigo de um professor de psicologia cognitiva do Reino Unido que achei interessante. O objeto de estudo dele há anos é o que ele chama de memória autobiográfica.

Na visão do professor, a gente cria memórias, lembranças e recordações que não precisam corresponder à realidade. O importante é que elas estejam adequadas à história que a gente constrói sobre a gente mesmo, sobre a nossa vida e nossa personalidade. E que essas memórias sirvam para nos definir.

"Então não é particularmente essencial que a memória seja precisa ou verdadeira", ele diz.

Li também um depoimento de uma neta sobre a crença de sua avó.

Ela dizia que Nossa Senhora passa a mão na cabeça para a gente esquecer muitas dores. A dor do parto, por exemplo, ou as dores dos dias de *baby blues*, a tristeza do puerpério.

Esquecer para querer ter o segundo filho. Esquecer para só se lembrar do que é bom.

Tanto a ciência quanto a religião e a arte me mostram que a gente pode, sim, reescrever ou ressignificar o passado.

Tudo bem minha mãe não lembrar se foi ou não foi a filha do açougueiro que costurou seus dentes.

Tudo bem eu escolher esquecer os dias difíceis da minha mãe, quando ela inventava de ir para o hospital semanalmente de madrugada porque estava sempre quase morrendo.

Tudo bem eu esquecer as dívidas dos quatorze cartões que ela tinha de todas as lojas de departamento e que sobraram para a gente pagar.

Esquecer-se do dinheiro que ela insistia que ficasse com ela e que ela esquecia onde tinha guardado sistematicamente.

Esquecer-se dos remédios cuspidos e guardados embaixo do travesseiro.

Esquecer que ela comprava quilos de mandioca de um rapaz que vendia na porta de casa, e eu sempre devia fortunas pra ele.

Não foram essas memórias que definiram a nossa história. Não é esse passado que quero construir para a gente.

Minha mãe foi minha grande parceira. Freud não explica nada da nossa relação. Vivemos uma vida paralela, lado a lado. Colateral.

— Eu sinto frio às duas da manhã. Por que será?

— Não sei, mãe.

— Será que um pirata me assopra?

— Talvez!

Silêncio.

— Ai, Bê, agora fiquei com medo do que você falou.

Acho que era a chegada do outono. Minha mãe estava deixando cair as próprias folhas e se preparando para o inverno.

Eu mesma sei que chegou o outono quando, depois de um verão inteiro descalça, piso no chão da cozinha e o frio me pega de surpresa.

É um frio diferente, disfarçado. Talvez minha mãe tenha razão. É um frio-pirata que o outono rouba sem a autorização do inverno, seu legítimo proprietário. Assim como ele rouba a beleza das quaresmeiras dos dias de primavera ou o sol quente das calçadas no verão.

O que é do outono mesmo, original e autêntico — e que faz dele a estação mais bonita — é o cheiro. A fragrância de festa junina: bombinha, milho cozido, fogueira. Ou o aroma sutil das camélias e o cheiro de gol nas tardes de Copa do Mundo.

Minha mãe tinha um outono interno, mesmo que ainda fosse verão.

Lembro de uma frase de *Malu Mulher* que a impressionou muito na época em que a série passou na

TV. "Os velhos morrem no inverno." Ela ainda era filha e tinha muito medo da morte da minha avó em cada chegada do inverno.

Agora era da minha mãe que o frio se aproximava de um jeito diferente, disfarçado, de madrugada, tirando o sono e o sossego.

Minha mãe partiu no inverno, mas ela ainda está em todas as flores das quaresmeiras e no sol quente das calçadas. Ela segue sendo meu outono.

— O FHC abriu uma oficina e um lava-rápido perto do Habib's de Pirassununga.

Oi?

— Tá usando muita
trança em Araçatuba?

Eu li que algumas mulheres do interior do Brasil trançavam o cabelo longo das mais velhas porque assim espantariam a morte que se aproximava.

Não acho que em Araçatuba as mulheres tenham essa crença. Quem sabe a cidade e as tranças representassem outra coisa pra minha mãe e eu que não consegui desvendar.

Trançar o cabelo é uma forma de troca e socialização. Durante o entrelaçar demorado e cuidadoso, as mães conversam com as filhas. E as filhas passam para as suas filhas esses conhecimentos, e assim as informações atravessam gerações.

O penteado surgiu na região onde hoje é a Namíbia. A trança simbolizava a resistência racial e a identificação dos diferentes grupos. Dali se espalhou por todo o continente africano e mais tarde para outros lugares do mundo.

Eu sabia que o nosso trançar, meu e da minha mãe, era simbólico. Não precisava do nosso cabelo para aprender com ela e para tecer seu universo poético para a nossa descendência.

★ ★ ★

Meus filhos tiveram o privilégio de conviver com uma avó incessantemente amorosa, luminosa, linda, divertida, cuidadosa, feliz. Já meus sobrinhos nasceram ou cresceram com uma avó que, antes de avó, era uma mãe machucada por ver um filho em coma.

Um dos meus desafios, e também do Fabio, seria ensinar nossa mãe para eles.

Meus sobrinhos não sabem que o andar dela era outro – não aquele caminhar de um corpo adoecido. Não sabem que ela dirigia um carro grande. Não sabem que ela sabia fazer marzipã. Não sabem que ela jogava vôlei, era diretora do clube, foi Miss Campinas e tomava sol sem filtro solar.

Não sabem que ela tinha a habilidade de fazer amigos em menos de cinco minutos, fosse em filas diversas, açougues, clínicas ou aulas de dança. A frase era sempre a mesma: "Bê, conheci uma mulher de Mossoró na fila do banco e ela ficou MUITO minha amiga".

Não sabem que ela buscava meus filhos na escola, viajava com eles, conhecia todos os amigos dos netos.

Eles não sabem que ela assistia ao Lucca jogar futebol e depois comia um lanche com ele no bar do tênis.

Não sabem que ela levava a Bruna nas aulas de inglês e que, cúmplice, desviava o caminho e cabulava as aulas com ela sem me contar.

Não sabem que ela tinha um armário cheio de roupas cheirosas e camisolas compridas e se divertia emprestando tudo o que a Maria pedia, para a neta poder fazer peças inventadas, coreografias e imitações.

O que meus sobrinhos e meus filhos sabem, e nunca vão esquecer, é que o amor dessa mulher pela família, mesmo em um corpo desobediente e frágil, era subversivo, furioso e invencível.

— O pai trouxe um pãozinho gostoso e a gente tomou café lá fora.

Meu pai morreu em 2010. Depois de uns anos, quando a saudade já era maior que a realidade, minha mãe começou a reclamar da falta dele. Não porque ele tivesse morrido, mas porque ele não estava sempre em casa.

— Tá chateada, mãe?

— Tô.

— Por quê?

— O pai não veio almoçar, ontem trabalhou até tarde. Hoje saiu cedo. Não sei, não...

Ela me olhava desconfiada, como se eu soubesse de algo e estivesse escondendo dela.

— Mãe, o pai morreu. Por isso ele não tá aqui.

— Ah, é mesmo.

Eram minutos de silêncio e o luto em *looping* invadindo o espaço.

Um dia, cheguei pra almoçar e ela me disse que estava sem fome. Perguntei se estava sentindo alguma coisa. Ela disse que não, que tinha tomado café da manhã mais tarde.

— O pai trouxe um pãozinho gostoso e a gente tomou café lá fora.

Ele finalmente havia voltado.

A partir dali, só falávamos da morte dele se ela puxasse o assunto. Todas as outras vezes eu ouvia interessada que os dois tinham saído pra comprar fruta e queijo, passeado de carro ou brigado:

— Tô brava com o pai, porque ele me faz de besta. Eu falei que eu sou mulher, mas eu não gosto de toalhinha.

Às vezes eu dizia que ela tinha razão, toalhinhas não serviam pra nada mesmo. Outras vezes dizia que ela estava sendo implicante.

E assim, quando eu ia embora, sabia que ela teria companhia e, no dia seguinte, novidades para me contar.

Acho até que eu sentia uma ponta de inveja e saudade de também poder ver meu pai.

— Tem visto muito louva-a-deus
nas paredes?

Os ántigos acreditavam que ver um louva-a-deus era sinal de sorte, porque o inseto indicaria o caminho para encontrar alguém que estava perdido.

Posso dizer que minha mãe andava perdida e quem sabe quisesse que um louva-a-deus me ajudasse a encontrá-la.

Tarde demais. As Moiras já tinham decidido o destino dela. Criadas pela Deusa da Noite, as três irmãs sombrias criavam, fiavam e cortavam o fio da vida de cada um.

Na Grécia, seus nomes eram Cloto, Láquesis e Átropos e que, sentadas na frente da Roda da Fortuna, fiavam os caminhos dos deuses e semideuses.

Na vida da minha mãe, as Moiras tinham outros nomes: dopamina, serotonina e noradrenalina. Cada uma com seu protagonismo inquietante, decidindo o que seria da minha mãe.

"Ninguém morre por ter Parkinson. Os doentes morrem geralmente por queda ou engasgo", repetiam os médicos.

Melhorar a qualidade de vida, viver um dia de cada vez, conviver com a evolução da doença eram frases que eu me cansava de ouvir. Como também não aguentava mais precisar entender sobre neurotransmissores, rede neural, desordem do movimento.

As Moiras bordaram para minha mãe uma doença incurável e progressiva. Mal sabiam elas que minha mãe veria beleza até no avesso do bordado.

— Não falei que os temperos
não sabem sentar?

A alquimia transformadora da minha mãe se encontrava entre o fogo e os caldeirões. Ou entre as panelas e a chama do fogão.

Pratos para todos os gostos. Sabores de todas as culinárias. Receitas decoradas e, mesmo assim, escritas em agendas, contracapas de livros aleatórios e boletos antigos.

Só de sentir o aroma da comida ela sabia identificar quais eram os temperos usados: cominho, noz-moscada, páprica defumada, anis-estrelado. Eu, como aprendiz de feiticeira, era um verdadeiro fracasso.

Quase chorei quando ela me pediu como presente de aniversário para deixá-la cozinhar. Fizemos uma força-tarefa e, mesmo que o corpo dissesse outra coisa, a expressão do rosto demonstrava que minha mãe ainda sabia o que estava fazendo.

Em outros dias, quando ela ficava quieta, com o olhar um pouco perdido, eu puxava assunto.

— Como você fez aquele rosbife do almoço de sábado, mãe?

— Rosbife? Eu fiz rosbife? Tô tão esquecida!

— Nossa, fez um rosbife delicioso. As crianças (sempre crianças) adoraram! Você colocou mostarda em pó?

— Não, mostarda em pasta mesmo. O segredo é a panela bem quente. E não pode mexer na carne, senão junta água. Doura de todos os lados, pega com uma pinça pra virar, mas não usa o garfo pra não furar a carne.

Claro que no meio da "preparação do almoço" escapavam palavras ou frases sem sentido:

— Eu coloquei bastante cebola e mandei a Dinah observar se o cristão vai morrer.

— Quem passou cera na salada?

— Depois que eu bati asa eu aprendi a cozinhar.

O que importava é que ela ficava feliz. E os netos elogiavam os pratos inventados, falavam que repetiram e que nunca tinham comido um tão gostoso.

Perder o que constitui a pessoa é uma derrota. Julgo dizer que não poder mais cozinhar foi a maior privação da minha mãe.

Mia Couto escreveu que *cozinhar é o mais privado e arriscado ato. No alimento se coloca ternura ou ódio. Na panela se verte tempero ou veneno. Cozinhar não é serviço. Cozinhar é um modo de amar os outros.*[4]

E era dessa sua incontestável demonstração de amor que minha mãe também precisava se despedir.

★ ★ ★

Apesar de questionável ou pouco ortodoxo, o método da mentira fez parte da reconstituição de quem minha mãe gostava de ser. Mas não só. As mentiras também ajudaram a reconstituir a nossa família, os nossos encontros em volta da mesa, enquanto provávamos os pratos mais deliciosos do mundo. Mesmo que apenas imaginários.

— A garrafa tem onze tios e cada um toca um instrumento.

Foi meio por acaso que comecei a escrever no bloco de notas do celular as coisas que minha mãe dizia.

Achava divertido e queria lembrar para poder contar para os meus filhos.

As idas quase diárias à casa dela tinham deixado de ser pesadas. Ela estava leve. Não era a mãe que eu conheci, mas também não era a mãe que me afastou. Era uma terceira mãe. Mãe-poeta. E eu gostei.

O fazer deste livro me obrigou a revisitar meu bloco de notas. Voltar para os momentos em que cada frase foi dita.

Percebi que me marcaram tanto que eu conseguia me lembrar em detalhes das situações em que foram faladas.

Minha mãe estava na minha casa quando falou sobre o Fernando Henrique Cardoso. Estávamos as duas sentadas no sol e quando ela, do nada, disse a frase, achei que ela estava desidratada ou com insolação.

A pergunta sobre o louva-a-deus ela me fez na igreja. A constatação que a boca diminuiu foi tomando um sorvete que insistia em escorrer pelo queixo.

Uma vez, na Marginal, um caminhão com uma lona enorme cobrindo a carroceria passou por nós.

— Por que agora fazem essas casas de adobe em cima dos caminhões?

Em seguida, ela falou enquanto acariciava a própria bolsa:

— Não sei o que aconteceu. Eu tava fazendo carinho num gato e agora ele virou uma bolsa.

Outra vez, saindo da consulta do neurologista, ela cochichou:

— Você reparou? O dr. Rodrigo tá com o olho branco, não tem mais a bola azul. Acho que ele morreu.

Cada um de nós foi aprendendo a lidar com a nova fase da vida da minha mãe.

Às vezes a Bruna gravava as conversas que hoje nos matam de chorar e de saudade quando as ouvimos.

Uma vez, a Maria ensaiou um trecho de uma peça perto da minha mãe e ela entendeu que a Maria ensinava coisas diretamente para ela.

Na cena, a Maria falava curiosidades sobre a China, a Índia e a Grécia.

— Ah, é, Malica? Olha só que interessante!

Até hoje a gente ri muito quando lembra.

A Dani me contava outras histórias. A minha preferida é a que minha mãe contou para ela que tinha ido a cavalo ao quintal colher milho para fazer pamonha e pulôver.

O Derek passava muitas tardes na casa da minha mãe montando quebra-cabeça com a Cida, querida cuidadora, e se divertindo com as confusões da minha mãe com o nome dele. "Ela me chamou de Péricles", "Ela me chamou de Raul", "Ela me chamou de Sococo".

A Bella e o Fabinho levavam a sério as indagações da avó. "Tia Bê, por que ela me perguntou se eu tenho movimentos peristálticos? Por que ela me perguntou se eu tomei uma cerveja doce? Por que ela me perguntou se engasguei com um sapo? Por que ela me perguntou se recitei o homem-coruja?"

O Lucca se afastava, não gostava das brincadeiras e das conversas, não achava graça. Minha mãe era a pessoa preferida dele no mundo e ele queria resguardá-la.

Hoje, ele lê com carinho as conversas tão ricas e tão mágicas que precisei selecionar entre tantas coisas lindas com as quais ela, mesmo no fim da vida, nos presenteou.

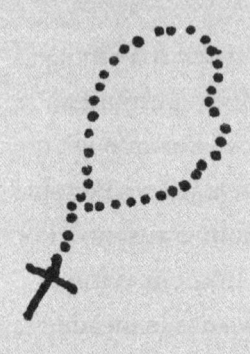

— A rádio laranja-pera tocou esta música aqui ó: "Um coral de anjos cantou as mais lindas canções de amor".

A religião era um dos pilares da vida da minha mãe. Ela sabia o dia de cada santo, fazia promessas, visitava igrejas. Visitamos 34 igrejas com o nome de Nossa Senhora um ano antes da pandemia.

Vale dizer que nesse nosso tour católico foi triste perceber quantas igrejas não têm nenhum tipo de acessibilidade. Muitas vezes minha mãe precisou rezar do carro, porque não conseguiria subir a longa escadaria até a porta do templo. Mais uma prova da sua invisibilidade no mundo.

Quando ela ainda subia escadas, uma das suas manias era rezar enquanto passava pelos degraus. E tinha toda uma coreografia: subia um, descia três; subia mais dois, descia um. Se você estivesse subindo atrás dela, certamente tropeçava.

Distribuía terços para todos os nossos amigos colocarem nos carros. Afinal, qualquer um de nós poderia pegar carona e precisaria estar protegido. Nas nossas malas de viagem tinha sempre um santinho no bolso. Quando uma imagem de santo quebrava, ela insistia em colar em vez de jogar a imagem fora ou levar a uma igreja. Então muitos santos da nossa casa tinham a cabeça torta, as mãos coladas nos cotovelos, o nariz na testa.

Nos últimos tempos, quando ela ficava mais calada, eu queria saber:

— Por que tá tão quieta hoje, mãe?

— Shhhh, tô ouvindo o sermão das sete palavras.

Eu ficava ao lado dela, enquanto ela ouvia o sermão e eu ouvia o silêncio.

— Bê, me pega mais tarde porque hoje vou ser anjo na procissão do Senhor morto depois das três e meia.

— Precisa de asas, mãe?

— Já tenho.

Muitas recordações de Santa Rita do Passa Quatro estavam na religião. Devota da padroeira da cidade, ela mandava rezar uma missa todo dia 22 de maio.

Às vezes minha mãe ouvia o sino da matriz mesmo que não fosse o horário e mesmo que ele não tocasse em São Paulo. Confundia as florzinhas amarelas e os coquinhos laranja do quintal de casa com os tapetes de serragem e sal das ruas de Santa Rita no feriado de Corpus Christi.

Uma tarde, olhando para uma mesinha lateral vazia, minha mãe comentou:

— Foi uma ótima ideia colocar essas três campainhas que salvam as pessoas de todos os pecados, não foi, Bê?

Foi mesmo. Você está salva, mãe. Amém.

— Quando o pai vai junto ao Instituto, a dona Christine muda, fica mais simpática, mais amável comigo. Eu prefiro quando ele vai.

Sim, porque dona Christine era extremamente antipática e até agressiva com a minha mãe quando ela não ia acompanhada de um homem.

Talvez porque minha mãe já tenha passado por algumas situações semelhantes na vida real, de ser "discriminada" por estar sozinha, ela guardava essa experiência em um lugar profundo e dolorido e que agora era representado pelas grosserias da dona Christine.

Meus pais se separaram por uns meses quando meus irmãos e eu éramos adolescentes. Lembro de que uma vez minha mãe voltou muito chateada do clube porque um grupo de "amigas" disse para ela que, como era muito bonita, provavelmente não seria mais convidada para algumas ocasiões com casais, porque estaria desacompanhada e os maridos poderiam cair em tentação.

Que sociedade cruel. O problema era uma mulher sozinha e não um homem canalha.

Entendo que minha mãe se sentia segura quando meu pai estava por perto. Depois que meu irmão entrou em coma, meus pais se uniram ainda mais, era sempre os dois juntos, se apoiando, que resolviam muitas coisas, que cuidavam do filho. Era com eles que o Ita morava.

A morte do meu pai deixou minha mãe muito desamparada. Por mais que o Fabio, a Dani e as crianças tivessem mudado para lá justamente para ela não se sentir sozinha, era o companheiro de vida e do cuidado com o filho que tinha partido.

Identifico que ali foi um marco, a realidade ficou indigesta demais e minha mãe, de alguma forma, se permitiu perder a razão.

— Eu dei cachaça pra uma amiga velha e fui expulsa do clube.

Eu não falei, mas deveria ter falado.

— Quem sabe fosse esse o último desejo da sua amiga?

— Quem sabe estivessem sendo negadas a ela tantas vontades?

— Quem sabe ela estivesse feliz por contar com a sua cumplicidade?

— Quem sabe a vida não estivesse sendo fácil?

— Quem sabe o dia de amanhã fosse incerto?

— Quem sabe ela estivesse sendo expulsa da própria vida?

— Quem sabe ela nem conseguisse mais assinar o próprio nome?

— Quem sabe ela não se sentisse mais a mesma?

— Quem sabe muitos amigos já tivessem ido embora?

— Quem sabe ela tivesse que disfarçar o andar?

— Quem sabe ela tivesse que disfarçar um tremor?

— Quem sabe ela tivesse que disfarçar uma dor?

— Por isso a cachaça. Por isso o pedido. Por isso para alguém tão generosa como você.

Acho que diria também:

— O mundo está envelhecendo, mãe. A expectativa de vida é maior, mas as doenças que comprometem a memória, a capacidade de linguagem, o comportamento e o controle dos movimentos corporais acompanham esse aumento.

— É muito duro pra quem cuida, eu sei. É muito duro pra quem tem, você sabe.

No final, completaria:

— Como a vó Gilda dizia: "A velhice não é privilégio de ninguém". Como a avó de uma amiga dizia: "Onde vocês estão eu já estive, onde eu estou vocês estarão".

Encontrei um caminho para tomar. Não foi cachaça.

— Bê, fecha a porta
do quarto do Ita.

— Por quê?

— Preciso te contar uma coisa.

— É um segredo?

— Não.

— O que é, então?

— O enfermeiro me pediu
leite do peito. Eu falei
que eu não vou dar.

Eu ri. Muito. Por que ela achava que o enfermeiro iria pedir leite do peito para ela?

De todo modo, não era minha mãe que precisava sair daquele mundo onírico. Era eu que mergulhava para encontrá-la. Então saltei nas suas águas sem filtro, sem senso, sem juízo, sem lógica.

Nossa conversa continuou assim:

— Mãe, fala a verdade. Você deu leite do peito pra ele?

— Não, Bê.

— Mãe?

— Juro por Deus, Bê. Não dei nem um pouquinho.

— Se você der o leite, me avisa.

— Aviso — suspirando. — Mas juro que não vou dar.

Ouvi uma vez a Vera Iaconelli dizer que as narrativas são importantes para a gente conseguir nomear sofrimentos e sentimentos.

Assim, minha mãe era a protagonista de qualquer narrativa. E eu, coadjuvante. Ela escolhia o enredo e eu desembaraçava a trama.

Se para organizar seus sofrimentos e sentimentos ela precisava falar do pedido de leite materno, não seria um monólogo, seria um diálogo. Nosso diálogo.

Cada um usa as armas que tem.

— A dor não dorme.

Você tem razão, mãe.

— O pernilongo agora vem diferente, parece uns triângulos engraçados.

A história infantil preferida da minha mãe era *Alice no País das Maravilhas*.

Desde que eu era pequena, ela me contava do disquinho que ganhou do meu avô e da vitrola que ouvia na sala em Santa Rita.

Cantava todas as músicas e me ensinou cada uma delas.

Meu gatinho ia ter um lindo castelinho e andar todo bem vestidinho nesse meu mundo só meu.

Quem diria que minha mãe teria mesmo um mundo só dela?! Quem diria que a Foca e o Carpinteiro enganaram as ostrinhas curiosas, enquanto minha mãe me presenteava com pérolas inesperadas?!

Nesse mundo de gatinhos bem vestidinhos ou gatos listrados e risonhos, minha mãe me contava que precisava pescar uma galinha boiando no seu mingau.

O Chapeleiro Maluco e a Lebre de Março tomavam chá de desaniversário, enquanto minha mãe escovava os dentes com porco.

Embora não pudesse mais correr atrás de um Coelho Branco e atrasado, minha mãe estava mais interessada em saber para quem a Lua Cheia entregou um saco de farinha.

A Lagarta fumando narguilé perguntava quem era Alice. Minha mãe não fumando nada perguntava se eu tinha dormido dentro do açucareiro.

Tweedledee e Tweedledum usavam um chapeuzinho ridículo. Minha mãe usava uns óculos com 24 talheres.

Alice viu borboletas com asas em formato de pão de forma, minha mãe via uns bichos passados no óleo de coco.

O Mordomo-Peixe fez uma revelação para Alice: aqui é a casa da Duquesa. Minha mãe fez uma revelação pra mim: meu joelho repete sempre a última palavra.

Alice, para abrir uma portinha, apertou o nariz da maçaneta e se assustou. Minha mãe me assustou quando, olhando para um cabideiro, disse que era um homem palitando os dentes e segurando um abacate.

A Rainha de Copas era uma déspota mimada e autoritária, minha mãe encontrou 137 bicicletas dentro do armário: duas douradas, uma azul e uma déspota esclarecida.

Alice quase se afoga nas próprias lágrimas, minha mãe me perguntou se eu sentia minha garganta nadar.

Mesmo amando as loucuras que a Elvira no País das Maravilhas me proporcionava, minha garganta nunca nadou, porque amarrei um nó bem forte para prender o choro que insistia em cair.

Inúmeras vezes, como a Alice, quase me afoguei nas minhas lágrimas também.

— Outro dia, fiquei com vontade de comer macaúba. A casca é dura, parece madeira. Dentro tem uns foguetes perigosos que furam o olho de quem estiver assistindo.

Em outras palavras, minha mãe queria dizer, ou cantar, que *são demais os perigos dessa vida.*[5]

Até as frutas, inocentes e coloridas, têm também as suas ameaças.

No caroço da maçã tem cianureto. Nos caroços de pêssego e de damasco tem cianeto, agentes tóxicos que, em grande quantidade, podem até matar.

Há uns anos, centenas de crianças morreram na China por comerem em jejum uma quantidade exagerada de lichias. A fruta tem uma substância chamada hipoglicina, que altera o metabolismo da glicose pelo corpo.

A carambola é uma fruta tóxica. Ela produz uma neurotoxina que não é filtrada adequadamente pelos rins. Pode causar soluços, confusão mental e até convulsão.

As sementes encontradas no talo da cereja contêm uma substância química chamada amigdalina. Essa substância, junto das enzimas digestivas, produz um dos venenos mais mortais do mundo. Quase tão mortal como o veneno das jararacas.

★ ★ ★

Não sei se minha mãe percebeu maldade quando uma amiga deu pra ela de aniversário um copinho, desses de criança, com canudinho e ursinhos coloridos.

Não foi o que, foi como a amiga deu o presente na frente das outras amigas. Entre falas e risadas, evidenciava a incapacidade que minha mãe estava vivendo e a incapacidade dessa amiga em perceber que, ao infantilizar minha mãe na frente dos outros, poderia constrangê-la.

Senti raiva. Ódio. Uma injustiça sem tamanho. Desejei o mal.

Assim como as cerejas e as carambolas, algumas pessoas podem ser tóxicas e venenosas.

Como aquela amiga naquele dia. Como eu naquela situação.

— Amanhã eu sentei num chiclete e preciso lembrar de lavar meu casaco preto.

— Ontem eu vou casar na Igreja da Glória.

— Fiquei dois meses esperando a borboleta no portão.

Os delírios de minha mãe me davam vestígios de como ela agora entendia o tempo. Percebi que minha mãe ressignificava não só o passado como também o presente e o futuro.

Lembrei que o Emicida um dia cantou o ditado iorubá: "Exu matou um pássaro ontem com uma pedra que só jogou hoje".

Com ele aprendi que, na cultura iorubá, a temporalidade não é linear, com início, meio e fim. Até o passado pode ser reinventado. Exu é o orixá que subverte o tempo e que é responsável pela comunicação entre as pessoas e o Divino.

Ultimamente, minha mãe desassossegava o tempo. Tudo durava muito ou só alguns instantes.

Muito tempo, como criança que entra no carro e no começo da viagem pergunta se já está chegando.

Pouco tempo, como criança que pede alguma coisa e tem urgência naquilo.

— Tô com sede… Morrendo de sede… Cadê minha água? Pega uma água agora pra mim?

Era como um pânico constante que minha mãe vivia. Acho que, no fundo, era o medo da impermanência. Um fechar de ciclos à vista.

José Bergamín, escritor espanhol, escreveu um poema lindo sobre a velhice:

La vejez es una máscara:	A velhice é uma máscara:
Si te la quitas, descubres	Se a tiras, pões à mostra
El rostro infantil del alma.	O rosto infantil da alma.
La niñez te va siguiendo	A infância vai-te seguindo
Durante toda la vida.	Durante a vida inteira.
Pero ella va más despacio	Mas anda mais devagar
Y tú andas siempre de prisa.	E tu caminhas sempre depressa.
Cuando la vejez te llega,	Quando a velhice te atinge,
No es que vuelves a la infancia,	Não quer dizer que tornes à infância,
Es que moderas el paso	Apenas moderas o passo
Y al fin la niñez te alcanza.	E por fim a infância alcança-te.[6]

A infância abraçou minha mãe de um jeito encantado.

— Mãe, eu vou trazer o buffet pequeno da vó Silvinha para cá e levar o guarda-livros da vó Gilda para a minha casa.

— Por quanto tempo?

— O quê?

— Por quanto tempo você vai levar o guarda-livros?

Eu não estava preparada para aquela pergunta. Improvisei.

— Por oito meses.

— Tá bom, claro. Pode levar, sim. — Ela ficou em silêncio. — Por oito meses.

Minha mãe sempre foi muito generosa com os dela.

— Vovó, você me empresta um casaco? Tô com frio.

— Lógico, filhinha, fica pra você.

— Mãe, posso levar um litro de leite pra não precisar comprar no caminho?

— Claro, leva mais.

— Balila, vou pra São Paulo, quero almoçar com você.

— Que bom, Zé, vou fazer seu cuscuz. Dorme aqui, janta aqui, toma café aqui.

— Mãe, pode ficar com as crianças na sexta porque nós vamos ser padrinhos de um casamento?

— Não precisa nem perguntar, deixa as crianças o fim de semana todo comigo.

— Vovó, faz um rosbife no fim de semana?
— Já comprei tudo o que precisa. E vou fazer também a acelga da Bellinha, o arroz biro-biro pro Bito, o purê de batata pra Malica e o sorvete que a Bubu gosta. Quer mais alguma coisa, Lucca?

Era assim desde sempre. Sogros, marido, mãe, irmãos, parentes, filhos e netos podiam tudo.

O Derek foi o neto que nasceu quando ela já não conseguia mais fazer as coisas sozinha. Não podia cozinhar para ele, mas achou um jeito de agradá-lo: dava picolé e pirulito antes do almoço.

A Ana Paula, cuidadora querida, me contava que durante a noite ela acordava e pedia para cobrir meus filhos, meus sobrinhos, meus irmãos e eu.

Então quando minha mãe me perguntou por quanto tempo eu ficaria com o guarda-livros, estranhei.

Não seria presente? Era empréstimo? E com prazo de validade? Com data definida e tudo?

Eu não era mais filha? Eu não fazia mais parte dos escolhidos que mereciam toda a sua generosidade e doação?

Alguma coisa estava muito errada.

Exatamente oito meses depois desse dia minha mãe morreu.

O guarda-livros continua na minha sala.

O livro que agora escrevo para ela e por ela terá lugar de destaque na primeira prateleira do móvel.

Indefinidamente.

— Mãe, por acaso você lembra em qual cartório foi feito o registro da casa de Santiago?

Eu precisava dessa informação rápido. Iria me facilitar muito a vida se minha mãe lembrasse.

Ela sempre foi ótima de caminhos, lembrava muitos nomes de ruas e conhecia bem o centro de São Paulo. Ali eu não conheço nada.

Nossa conversa continuou assim:

— Você quer saber em qual cartório a gente registrou a casa, Bê?

— Sim, você lembra? Você foi com o pai lá.

— Não foi no cartório da Bento Freitas?

Havia mesmo um cartório na rua Bento Freitas, mas esse registro não tinha sido feito lá. Fiquei otimista.

— Não foi feito na Bento Freitas. Sabe outro?

— Sei. Perto da Praça da República. Deixa eu lembrar como você vai lá… Pega a 23, vira na rua do Lavapés, à esquerda na Tabatinguera, mas cuidado que tem muito assalto por ali. Atravessa o Viaduto Jaceguai. Tem uma igreja bonita ali. O filho da Neuzinha foi batizado lá. Lembra?

— Não lembro.

Mesmo para mim que não conheço nada, estava fazendo muito sentido aquela segurança da minha mãe na descrição do caminho para o cartório.

Fui anotando o mapa das ruas.

— Depois que eu atravessar o viaduto, o que eu faço?

— Acho bom pegar a Major Sertório e logo em seguida virar no Pateo do Collegio. Já foi lá?

— No Pateo do Collegio? Devo ter ido, não lembro.

— Na Major Sertório tinha uma costureira muito boa, dona Idalina. Minha mãe mandou fazer meu vestido de formatura lá.

Estava me parecendo surpreendente, mas não impossível. Porque minha mãe lembrava-se de muitos números de telefones sem olhar na agenda. E lembrava-se de aniversários também. Tranquilamente poderia ser tudo verdade.

— E o cartório é perto do Pateo do Collegio, mãe?

— Pertinho. Ali é ruim pra parar. O cartório fica em uma rua que não entra carro. Não lembro o nome, mas só tem ela, você vai saber. O cartório fica em cima de uma farmácia ou de um chaveiro, não lembro direito.

— Certeza?

— Certeza. Você sobe a escada lateral e lá em cima tem um monte de mesinha, música ao vivo, bolinho de bacalhau. Pode até dançar.
— No cartório, mãe?
— Que cartório?

— Eu queria ser um galo com uma crista bem afiada.

Fico pensando quais desejos minha mãe não realizou na vida.

Será que ela queria ter sido Miss São Paulo e se chateou por ter um tornozelo gordinho?

Será que ela desejava ter se mudado para o Rio quando surgiu uma possibilidade de trabalho para o meu pai e os dois cogitaram a mudança?

Será que ela queria ter tido um quarto filho planejado? Queria ter dirigido um Porsche amarelo ou tentado ser cantora num barzinho em Pinheiros?

Esses desejos secretos a gente não pôde ajudá-la a realizar. Nem o da crista afiada. E nem de fazer meu irmão acordar.

Mas os desejos ordinários, aqueles que deixam a pessoa feliz com tão pouco, a gente era bom de fazer acontecer.

A Maria a maquiava para festas e casamentos – os reais e também os imaginários. As sombras, os blushes e os batons enchiam seus dias de cor e ela ficava ainda mais linda.

O Lucca escreveu um livro de crônicas e foi para ela a dedicatória. E assim a fez se lembrar de que ela era a pessoa mais amada do mundo.

A Bruna levava *halawi* toda semana. E outros doces e salgados que pudessem mudar o sabor das tardes mais sem graça.

A Bella contava que muita gente na praia a chamava de Mariaelvirinha porque elas se pareciam.

O Fabinho levava pedaços de pizza, esfirras e sanduíches para ela tarde da noite.

O Derek montava com ela árvore e juntos espalhavam os 2.500 enfeites natalinos pela casa. O preferido dele era um calendário de dezembro que tinha o controle dos dias até chegar o Natal. Quem dera minha mãe também pudesse controlar o tempo.

A Dani alimentava a vaidade: levava cremes e xampus cheirosíssimos.

O Fabio pagava as contas e os caprichos.

O Ita esperava ela estar pronta para ir embora.

E eu repetia sempre, todos os dias, como ela era amada e importante para todos nós.

Meu desejo é que ela soubesse de tudo isso.

— Vovó, quais são mesmo os nomes dos cachorros do Fabio?

— Fuzil, Nelson e Guarda-chuva.

Mais uma lista para treinar a memória. Ela acertou um terço da pergunta. Por incrível que pareça, um dos nomes dos cachorros do meu irmão estava correto. Será que você é capaz de adivinhar qual?

— Ontem fiquei com tanta vergonha. Eu dormi no Instituto e deixei escapar um pouco de xixi no lençol. Dona Christine me deu uma bronca na frente de todo mundo.

Elas eram diferentes em tudo: minha mãe tinha os cabelos claros e sempre os usou mais compridos. Dona Christine tinha os cabelos pretos e bem curtos.

Minha mãe gostava de roupas coloridas e mais esportivas. Dona Christine usava vestidos escuros e justos.

Minha mãe usava perfumes masculinos ou com notas de frutas cítricas. Dona Christine usava um perfume forte e doce, "daqueles que me dão enxaqueca", dizia minha mãe.

Minha mãe adorava calçar tênis. Dona Christine se equilibrava em saltos bem altos.

Minha mãe era simpática com todo mundo. Dona Christine era especialmente antipática com a minha mãe.

A grande, a maior, a imensa diferença entre elas era que minha mãe existia e a dona Christine, não.

Apesar de tantos detalhes que minha mãe me descrevia, do perfume doce, das roupas finas e sóbrias, da antipatia e da rigidez, não existia nem nunca existiu a dona Christine ou o Instituto.

Então, quando minha mãe me contava essas histórias tão bem construídas e ao mesmo tempo tão injustas, me dava muita aflição. Não tinha nada que eu pudesse fazer.

Algumas vezes, tentei dizer que a dona Christine não existia, para ela parar de criar aquela vilania com ela mesma. Não adiantava. Dona Christine voltava.

Nesse dia da exposição pública, de um constrangimento tão presente no envelhecimento como as incontinências, dei um basta:

— Mãe, me passa o telefone do Instituto. Eu vou falar com a dona Christine. Que negócio é esse de ficar te expondo dessa maneira? Chega.

Sem pestanejar, minha mãe me passou um número qualquer de telefone.

— O DDD é 11? — perguntei.

— É, sim.

Liguei pra dona Christine, me apresentei, fui ríspida com ela. Quis saber o porquê de ela tratar minha mãe com grosseria, descaso e soberba. Falei, inclusive, sobre constrangimento ilegal.

Minha mãe me olhava espantada, mas não tinha vingança naquele olhar.

— Estou ouvindo, dona Christine, pode falar.

Escutei todas as lamúrias da diretora, da falta que sentia da família que morava na França, da descoberta recente de uma doença grave na bexiga, do medo da incontinência urinária e de usar fralda. Logo ela, tão chique e soberba.

Eu repetia em voz alta tudo o que ela me "contava", para a minha mãe poder participar da conversa.

Eu disse que sentia muito, mas que tudo isso não justificava tratar mal quem quer que fosse. "Cada um tem suas batalhas, dona Christine." Mandei um abraço, me despedi e desliguei.

— Mãe, você ouviu? A dona Christine está passando por um momento difícil. Está doente e ninguém sabe. Ela se desculpou e disse que vai se controlar.

— Nossa, é mesmo? Coitada. Ela é muito sozinha.

— A gente nem sabe o que o outro passa, né? Você tem tanta gente que te ama e ela nessa solidão…

— Vou contar para a Mary.

— Não, mãe, não é para contar para ninguém. Não vai você agora expor a dona Christine.

— Tá bom, Bê, não vou falar nada.

— Mas gosta de uma fofoca, hein?

— Ih, Bê, não gosto de fofoca, não!

Saber que o outro também sofre não deveria ser um consolo, mas às vezes é.

— A Ana Maria passou a tarde inteira comigo. Ela não para um minuto!

— Mãe, a Ana Maria não te deixa descansar? Quer que eu peça pro pai dela não trazer mais?

— Não faz isso. Ela me distrai muito. Eu amo quando ela vem.

A Ana Maria foi a invenção mais doce da minha mãe. Era uma menininha de uns três anos mais ou menos. Falava poucas palavras, mas era "de morte". Subia e descia a escada correndo, ficava em pé perto da janela, não era muito de obedecer. Era o pai quem levava e a buscava na nossa casa. A mãe não aparecia nunca. Mas ela tinha mãe.

Minha mãe me contava que a Ana Maria vinha sempre à tarde e ia embora perto do anoitecer. Comia pouco. Gostava de bolo, biscoito de polvilho e suco de uva. Na lista de supermercado, minha mãe sempre pedia para eu incluir esses itens.

A Ana Maria divertia a minha mãe. Fazia companhia e, mais que tudo, fazia a minha mãe de novo ser responsável por alguém.

Ela não precisava de enfermeiros, cuidadoras, dos netos ou de mim para cuidar da Ana Maria. A menina só aparecia quando não tinha mais ninguém. Minto. Às vezes, a Ana Maria aparecia sentadinha no sofá, minha mãe avisava e as cuidadoras morriam de medo.

Minha mãe descrevia todas as roupas da Ana Maria:

— Ontem ela estava tão engraçadinha com um casaquinho vermelho e de bota. Perguntei quem deu a bota e ela disse que foi a Sissi.

Eu embarcava na história:

— E quem é a Sissi, mãe?

— Não sei.

Minha mãe se preocupava com a menina, sentia falta.

— A Ana Maria não veio ontem. Será que aconteceu alguma coisa? Segunda-feira ela tava com o joelhinho esfolado.

Para acalmá-la, eu improvisava:

— Esqueci de te contar, eu encontrei o pai da Ana Maria na padaria. Ontem ela foi vacinar, por isso não veio. Ela tá ótima.

— Graças a Deus.

A Ana Maria se sentava no colo da minha mãe para ouvir histórias. Da *Dona Baratinha*, da *Alice no País das Maravilhas* e da *Formiguinha e a Neve*.

— Ela ri quando eu falo: "Sol, tu que és tão forte, derreta a neve e desprenda o meu pezinho".

— A Ana Maria gosta de história, mãe?

— Adora. Ela dorme no meu colo, segurando minha mão.

A Ana Maria foi muito importante para a minha mãe durante os primeiros meses da pandemia. A gente ia muito menos à casa dela por causa dos riscos da covid. A menina continuou indo, de máscara.

Tenho certeza de que a Ana Maria também sente falta da minha mãe.

Te amo, Ana Maria. Muito.

— Tô triste com o pai.

— De novo, mãe? Por quê?

Meu pai, apesar de já ter morrido há uns anos, era capaz de ressuscitar e, às vezes, chatear minha mãe. Nem tudo eram flores depois de mais de cinquenta anos.

— Bê, fiquei sabendo de uma coisa. O pai tá namorando.

— Quem falou?

— Não vou contar. É segredo.

— E ele tá namorando com quem?

— Sabe aquele posto de gasolina na esquina da Mourato Coelho? A loira que é dona de lá.

Eu poderia dizer que o posto fechou. O que é verdade. Mas ela não acreditaria.

Enquanto minha mãe remoía a traição em silêncio, joguei no Google: foto mulher loira horrorosa.

(Como disse Jaime Lannister, de *Game of Thrones*, antes de jogar uma criança da janela: o que a gente não faz por amor?)

Selecionei a foto mais feia que encontrei.

— Mãe, pesquisei aqui no Google a dona do posto da rua Mourato com a rua Purpurina. É esse o posto?

Interessada, minha mãe respondeu:

— Esse mesmo, o de esquina.

— Tem aqui num portal de notícias uma foto da dona desse posto. Ela foi autuada em flagrante por sonegação de impostos. O que te disseram é que o pai tá namorando a proprietária?

— É. Uma loira.

Ampliei a foto e mostrei para ela.

— Mãe, você acha mesmo que o pai trocaria você por essa mulher horrorosa?

— Nossa, é essa? Que feia! — respirou aliviada.

Meus pais se reconciliaram e foram felizes para sempre.

— Quer uma cervejinha, mãe?

— Quero, sim.

Busquei uma cerveja sem álcool e levei pra ela.

— Por que sem álcool, Bê? Não gosto dessa, parece cerveja choca. Quero uma normal.

— Você vai beber?

— Vou. Só uma.

Assustei.

Há anos eu comprava cerveja sem álcool para minha mãe beber em alguma celebração. Não só para evitar as reações adversas por causa dos medicamentos, mas também por causa da promessa que ela havia feito havia quinze anos.

Quando meu irmão entrou em coma, ela prometeu que só voltaria a tomar cerveja quando ele acordasse.

Durante anos, não bebeu de nenhum tipo. Há um tempo, pedia cerveja sem álcool. Sem culpa e sem sabor.

Não sei qual combinado minha mãe fez com o Sagrado. Talvez tenha sido assim: você vai ressuscitar as pessoas, seus afetos, mas terá um filho que dorme.

Minha mãe foi mesmo revivendo as pessoas no correr dos anos. Primeiro uma amiga, depois minha avó. Depois minha outra avó, meu pai, uma tia querida, meu avô paterno. Todos eles passaram a lhe fazer companhia. Até um cachorro da nossa infância voltou a latir no quintal.

Mas o Ita não acordava. Por isso minha mãe não tomava cerveja. E por isso cuidava dele como se aquele filho de mais de 50 anos fosse de novo um bebê.

Dias depois de pedir para beber cerveja com álcool, ela me falou baixinho:

— Bê.

— Oi, mãe.

— O Ita te contou que ele quer morar fora do Brasil? Será que eu fiz alguma coisa?

— Não, ele ainda não me contou. Claro que você não fez nada, mãe.

— Eu acho que ele tá apaixonado.

— Quem falou?

— Ninguém me falou. Mas eu ouvi ele falando todo meloso ao telefone. E comprou um perfume novo, e comprou uma camisa nova.

— Ih, então tá apaixonado.

A partir dali, os dias do Ita acordado e dormindo se revezavam.

Quando ele dormia, minha mãe era uma mãe saudável, lúcida, assertiva e imperativa. "O Ita está com frio, eu sei, fecha a janela!" "Hoje não precisa de banho, ninguém morre se não tomar banho um dia!" "Tá com febre, pode medir, as pontas dos dedos estão arroxeadas!" "Essa hora venta muito. Corrente de ar nunca é bom, enrola um cachecol no pescoço dele."

Quando o Ita acordava, minha mãe me contava as fofocas. "O Ita falou bunda." "O Ita passou numa floricultura e comprou uma jaca e uma fantasia de frade." "No velório do seu Alfredo Mussolino, o Ita pegou um papel que Deus tinha atualizado." "O Faustão tá aqui vestido de chinês, o Ita convidou ele pra almoçar."

Assim, minha mãe podia quebrar a promessa em paz. O Ita tinha voltado, afinal.

Algumas novidades minha mãe me contava, outras ela e o Ita mantiveram em segredo até o fim.

Até que decidiram ir embora quase juntos, ele no dia 7, ela no dia 9, ambos em dias ensolarados e quentes de setembro de 2020.

— Hoje é aniversário do menino que tem cara de quem toma água no poço?

— Deve ser, sim, mãe, principalmente porque hoje é quarta-feira. Todo menino que toma água no poço nasceu na quarta-feira.

— É?

Crianças aos 8 anos cobrem a gente de perguntas. Meus filhos foram assim, meus sobrinhos foram assim, meus alunos foram assim. Com eles eu tinha o compromisso com a verdade. Afinal, como mãe, tia ou professora, o intuito era formá-los e ensiná-los.

Com a minha mãe era diferente. Meu objetivo era só deixá-la feliz de novo e com a sensação de que ela estava batendo um papo, que ela sabia das coisas, que tudo fazia sentido.

Como uma criança de 8 anos, minha mãe me fazia milhões de perguntas por dia. E eu tinha de responder no improviso.

Às vezes ela me pegava desprevenida e o assunto me fazia chorar. Outras vezes eu dava corda para ver até onde a sua imaginação nos levaria.

— Eu tenho obrigação de manter vocês três limpos e arejados?

— Tem, sim, mãe. Por favor, me abana.

— Por que a tia Zita deu pra fazer goiabada sem açúcar?

— Porque ela não sabe brincar.
— Tadinha.

— As lojas deveriam ser em ordem alfabética?
— Deveriam, sim, mãe. Que ideia genial. Vamos ligar pro prefeito agora e pedir.
— Vamos.

— Por que você passou o batom fora da boca?
— Eu tô com essa máscara vermelha por causa da covid, mãe.

— Você ri para pessoas ricas?
— Só se elas estiverem comendo paçoca.
— A Bruna tá rica?
— Não, tá comendo paçoca.

— São Peregrino é o protetor de todas as doenças?
— Se você não sabe, imagina eu.

— Essa repórter tem cara de santa?
— Não, tem cara de pau.
— É mesmo.

— O Ziza conseguiu o alvará pra soltar fogos de artifício?

— Conseguiu, sim. Daqui a dois anos, às seis e meia da noite.
— Que bom!

— O gavião veio aqui?
— Não, quem veio foi o primo dele.
— Primo de quem?
— Do gavião.
— Qual gavião?

— O Stefanini espirrou quando eu subi na charrete?
— Saúde!
— Saúde!

— Por que você tomou sol sem filtro?
— Eu tô com essa máscara vermelha por causa da covid, mãe.

— A goiaba tá muito mal?
— Tá, mãe, ninguém do pomar conversa com ela.
— Por quê?
— Porque fruta não fala.

— Quem é a costureira mais famosa da Globo?
— Eu que te pergunto, mãe. Quem é a costureira mais famosa da Globo?

— Betty Faria?
— Com certeza.

— A Irani sujou o pé de asfalto?
— Não pode falar isso, mãe! — falei baixinho.
— Por que não? — falou baixinho.
— Adivinha?
— Por que tem sempre uns padres malandros?
— Exatamente. Ainda bem que temos o padre Júlio Lancellotti.

— Você vem sempre aqui?
— Não, eu sou de Pelotas.
— De Pelotas? Jura? Será que você conhece meu irmão?
— Quem é seu irmão?
— José de Abreu.
— Não acredito! Eu sou atriz, ele foi meu professor na faculdade.
— É?! Nossa, que mundo pequeno!

Essa última conversa tivemos na casa de Santiago, no litoral norte de São Paulo. Ela estava especialmente confusa, não reconhecendo a casa que o Ita deu para ela. A iluminação da casa estava fraca e eu estava ao lado dela tentando acalmá-la, sem sucesso. Fui à cozinha buscar um copo de água e, quando voltei, troquei de lugar e ela começou a puxar papo comigo, levando ao diálogo acima. Não me reconheceu durante toda a nossa longa conversa, enquanto eu me passava por uma atriz que conhecia meu tio lá de Pelotas. Assim minha mãe se distraiu e acabou se acalmando. E, quando voltei a me sentar perto dela, ela me perguntou:

— Bê, você viu uma moça que estava sentada ali?
— Não vi, não.
— Moça não, era meio velha já.
— Velha, mãe?! — Indignada.
— Velha e bem malvestida. Com um sapatinho de salto gasto.
— Velha e malvestida, mãe? — Mais indignada.
— Muito!
— Era mais velha do que eu?
— Nossa, Bê, muito mais.
— Ah, bom! Eu estou mais bem vestida que ela, mãe?
— Muito mais.
— Ufa!

— Olha que gente feia fazendo essa novela agora! Que horror a franja dessa!

Olhei pra TV. Minha mãe estava assistindo a *Os Simpsons*, indignada. A franja era da Lisa.

— O que aconteceu com você e com a Vera do batuque-tuque?

É uma longa história, mãe. Eu saí à procura da Vera do batuque-tuque. Ninguém sabia dela. Perguntei para a repórter com cara de santa, para o menino que toma água do poço, para o pirata que assopra as pessoas às duas da manhã. Nada, nenhum deles sabia dela. Percebi que a procura seria mais longa do que imaginei. Então amanhã acordei bem cedo e subi na charrete do Stefanini para procurá-la.

A charrete era puxada por dezoito pernilongos em formato de triângulos engraçados. Na verdade, dezessete. Um deles ficou com vontade de comer macaúba, a fruta de casca dura que parece madeira. Quando o pernilongo abriu a casca, um dos foguetes perigosos furou o olho dele. A filha do açougueiro costurou uma lente de contato no lugar do olho e agora o pernilongo não puxa mais charrete. Foi contratado para picar as pessoas no lava-rápido do FHC em Pirassununga. Trabalho honesto.

Durante a minha busca pela Vera, passei por muitos lugares. Por lojas em ordem alfabética, pela Igreja da Glória, pela casa da atriz de Pelotas. Descobri que a atriz e a Irani que sujou o pé de asfalto agora moram juntas. No quintal da casa delas tem um galo com uma crista bem afiada e um cacho de bananas com lágrimas nos olhos.

Assim que passamos por um portão e ficamos dois meses esperando por uma borboleta, o Stefanini disse que não podia continuar, estava anoitecendo. Fiquei brava. Precisava encontrar a Vera. Expliquei que eu tinha uma missão. Por falar em missão, quando passei pela Igreja da Glória estava tendo uma missa e a vó Gilda era a primeira da fila pro padre abençoar. Ela já estava encharcada de água benta.

Bom, não teve jeito. O Stefanini não iria continuar. Pedi a charrete emprestada. Ele atravessou o mar e me cobrou 15%. Menos mal. Quando anoiteceu, eu estava cansada e com dor entre os incisivos e a bunda. Parei a charrete e amarrei os pernilongos em um chocalho. Aquela noite eu dormi em um açucareiro. Acordei com muito calor. Abri uma caixa cheia de sol e perguntei:

— Ô, sol, tu que és tão forte, pra quem a lua cheia entregou um saco de farinha?

Nenhuma resposta. Acho que o sol não sabe falar. Alguém precisa dar água em uma concha pra ele ou fazer com que um pintinho pie perto da boca do sol.

Antes de subir de volta na charrete e continuar a busca pela Vera, vi que as árvores do lugar estavam de ponta-cabeça ou vestidas de vereador ou vestidas de macaco. Perguntei quem havia feito aquilo. Um cachorro em formato de guarda-chuva ou um guarda-chuva em formato de cachorro, não sei bem, me disse que a jardineira do lugar se chamava dona Denise. Não quis conhecê-la, apesar da insistência da amiga velha que tomou cachaça no clube. Acho que o guarda-chuva, ou o cachorro, era dono da velha.

Enfim, subi na charrete e continuei minha jornada em busca da Vera. Já eram mais de dez horas quando passei pelo Instituto. Vi uma mulher descalça estendendo fraldas de pano no varal. Mãe, preciso te contar uma coisa. A dona Christine não usa mais salto. A francesa olhou pra mim de longe. Fingi que não vi. Ela fingiu que sabe falar Margareth. Duvido.

Virando à esquerda eu vi um louva-a-deus na parede. Que sorte a minha. Imaginei que a Vera estava por perto. No caminho, eu encontrei seus olhos, mãe, e espero que eles sejam atendidos.

Já era setembro, tempo de brócolis, avencas e Amador Aguiar, e na estrada tinha uma praia. Na praia, uma areia branca, na areia branca muita Nossa Senhora, com o manto amarelo e branco. Acho que era Nossa Senhora da Esperança. Fiquei confiante. Eu encontraria a Vera.

Estava com fome e parei para comer perto de um cartório. Subi as escadas e pedi dois bolinhos de bacalhau. Dancei forró e dança contemporânea e ri para pessoas ricas. Um homem se aproximou de mim. No paletó estava escrito "eu sou o décimo filho da tia Clélia". Fiquei eufórica, perguntei o nome dele. Ele não respondeu. Quem sabe ele tinha perdido o ônibus e a voz. Desci as escadas. A charrete não estava lá. Esqueci de prender os pernilongos. Acho que voaram ou namoraram o vento.

Eu estava a pé. Quase desisti, mas queria muito encontrar a Vera. Caminhei devagar e em silêncio. Ouvi um tuque-tuque. Será? Corri em direção ao barulho. O som do tuque-tuque aumentava cada vez mais. O caminho era de coco ralado. Cerejas e carambolas fumavam narguilé. Gil Gomes conversava com o Raposo Tavares.

Tuque-tuque, tuque-tuque, tuque-tuque.

— Vera! — eu gritei.

Uma mulher apareceu e perguntou o que eu queria com ela.

— Você é a Vera? A gente não se conhece, mas minha mãe perguntou de você. Aliás, quem é você?

A Vera sorriu.

— Eu sou a mãe da Ana Maria.

Bem baixinho, ouvi meu coração bater: tuque--tuque, tuque-tuque, tuque-tuque. Sorri também.

★ ★ ★

Que metralhadora de pensamentos singulares tinha minha mãe! Em qual lugar será que ela guardou tanta criatividade durante a vida?

Eu gosto de procurar a raiz de cada ideia, de cada palavra escolhida, jogando pedrinhas na estrada como João e Maria para encontrar o sentido, mas a maioria das vezes me perco junto. Pelo menos, é um caminho cheio de doces.

Onde minha mãe buscava essa inspiração, não sei. Não era nos livros. Ela nunca foi de ler. Nem nos filmes. Dormia quase sempre no meio da exibição. Talvez nas letras das músicas. Estas, sim, estavam sempre às voltas com ela.

Li que a música é a última memória que se perde. Assim como a audição é o último sentido a ir embora antes da morte.

Nós não perdemos a oportunidade de dizer "eu te amo" para ela. E ela não perdeu a oportunidade de ouvir "eu te amo" de todos nós.

Somos poucos, mas amamos muito.

Sinto saudades da minha mãe, mas suas palavras, suas músicas e seus absurdos me fazem companhia.

Poesia é a loucura das palavras.**

MANOEL DE BARROS

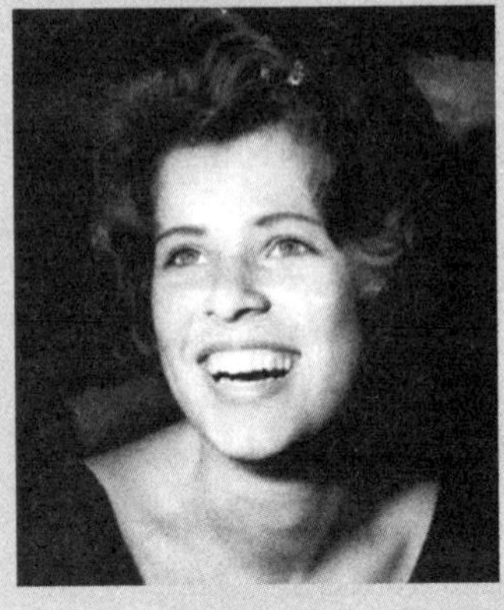
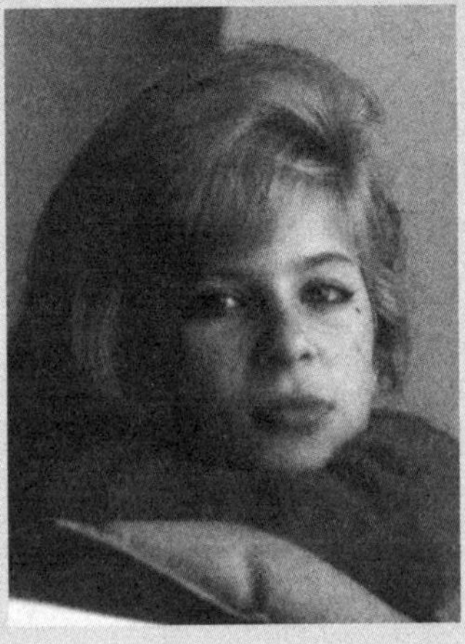
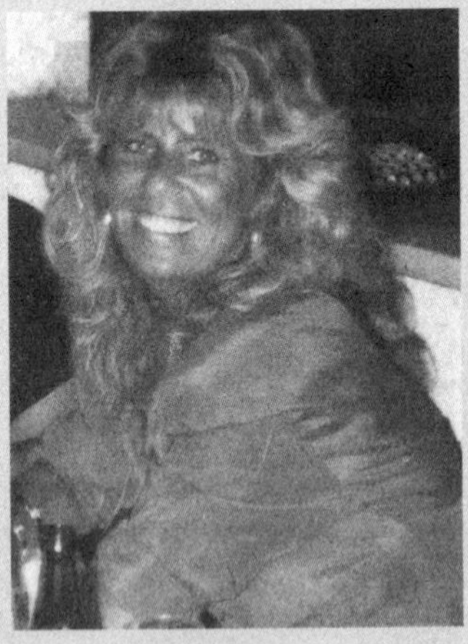

Agradecimentos

Li que a raiz da palavra "afeto" vem de *afficere*, que corresponde ao verbo "afetar" e significa "fazer algo a alguém, influir sobre alguém, tocar e ser tocado por alguém".

Afeto se traduz como "o estado da alma", aquele ou aquilo que move a essência de cada um.

Então, eu queria agradecer quem ou o que, temporal ou permanentemente, tocou ou foi tocado pela minha mãe quando ela estava em "estado de poesia".

A sombra e a luz coloridas da Maria que maquiavam a realidade da minha mãe, resgatando a beleza escondida, alimentando a sua vaidade e reconhecendo a hereditariedade. Minha mãe permanece no rosto da Maria.

A tatuagem e a dedicatória do Lucca, registro da minha mãe pra eternidade, assinatura de um amor indeterminado. Minutos antes da ida dela ao hospital, o Lucca cochichou no ouvido dela muitas vezes "te amo, vovó". Ela, antes quietinha, repetiu muitas vezes "te amo, te amo, te amo".

A música e a voz da Bruna, que minha mãe pedia pra escutar pelo telefone, em áudios gravados, ao vivo, em cores. O repertório era escolhido pra ela e por ela, e assim minha mãe se sentia mais musa do que avó.

A mudança da família do Fabio, de mala e cuia, pra casa da minha mãe para estar por perto dia e noite, vigiando os passos e tombos. Não é simples morar na casa da sogra, como a Dani fez. Sei que também não foi fácil para a Isabella e para o Fabinho crescerem num lugar cercado de remédios, ruídos, medos e enfermeiros. Mas fizeram por amor e por ela. E isso fez toda a diferença.

Os brinquedos do Derek, brincados e deixados diariamente na sala da minha mãe e que marcavam a presença do menino amado. Que alegria mais um neto triplamente canceriano, com sol, lua e ascendente em câncer. Perfeito para uma avó que precisava de carinho e companhia.

Os olhos azuis do Dr. Rodrigo, que da forma que olhavam minha mãe davam a ela esperança e acolhimento. O azul sempre foi a cor preferida dela.

O cuscuz em formato de cuidado da Cida, mistura de flocos de milho, zelo, leite de coco e amor. As orações com a Ana Paula, feitas de sagrado, escuta, lamento e proteção. Sem as duas cuidadoras, tenho certeza de que os dias não seriam serenos.

A poltroninha azul, presente do Murilo, e em que naqueles tempos minha mãe coube inteirinha, confortavelmente. O tempo vai moldando também os excessos do corpo.

O banco da Tucson, com Jair no volante, que acelerava os dias pra minha mãe poder ver mais uma vez a cidade, as igrejas, as lojas, as nuvens, o horizonte.

O bolo de padaria trazido pelo França, que preenchia as tardes e as vontades mais doces.

A orquídea chocolate, escolha do Ziza, que, quando colocada na mesa lateral, trazia pra perto o jardim que agora era longe demais.

A leitoa à pururuca, vontade realizada pela Fer, pelo João, pela Manu, pelo Ge e por uma Páscoa pré-pandêmica inesquecível perdurada por dias e por refeições.

"Posso comer leitoa no café da manhã?", perguntava minha mãe. Pode, mãe.

As ligações telefônicas e as ligações paranormais entre minha mãe e as amigas preferidas: tia Regina, tia Helo, Suzy, Gilda, Mary e Tupa. Quando minha mãe morreu, tia Regina, já debilitada pela doença e antes de saber da partida da minha mãe, disse à filha: a Maria Elvira foi embora. Pouco depois, ela foi também.

O parque de diversão disfarçado em lojas do Issan. O amigo do Fabio proporcionava para minha mãe visitas guiadas nas lojas dele e carta branca para realização de todas as vontades. Dos potes à árvore de Natal, dos guarda-chuvas às panelas de pressão, dos presentinhos para todas as funcionárias do clube aos objetos inúteis, mas lindinhos. Felicidade clandestina.

Os telefonemas com o Zé, irmão amado. Os diálogos, as dúvidas, as lembranças, as memórias. "Balila, qual era o segundo nome da nonna? Zé, como começa aquela música que a Nenê gostava? Bê, como chamava o filho do tio Guerino?" Não sei, Zé, desculpa. Quem tinha todas as respostas era minha mãe.

"Dinda", o apelido dado pela Manô, afilhada que deixava minha mãe feliz, feliz quando aparecia sem hora marcada pra ver a madrinha, cheia de carinho e presentinhos.

O pião da nossa infância, jogado por mim e por meus irmãos, o Ita e o Fabio. Era um piãozinho bem pequeno, jogado com fichas, escrito nas faces "põe um", "tira um", "deixa um"... Durante uma partida, a gente repetia: "Quem tem, põe, quem não tem, tira". Acho que ali já seria o nosso aprendizado pra vida que viveríamos. O Ita não tinha mais muitas coisas, por isso tirou. Tirou nossa mãe, nosso sossego, nosso amor mais profundo. Fabio e eu continuamos a brincadeira colocando o que cada um tinha em cada momento: ora força, ora dinheiro, ora alegria, ora paciência, ora compaixão. Somos um bom time. É bom ter você como parceiro, Fabio.

Agradeço também aos meus afetos, Luna, Paula, Paulinha, Paty, Paulo Sérgio, Mari, Sílvia e Sandra, que ouviram, choraram e riram das minhas histórias.

Agradeço imensamente as linhas e entrelinhas da Elisama. Tão generoso e lindo o olhar dela pra minha mãe... E minha mãe com certeza diria "A Elisama ficou MUITO minha amiga".

Agradeço pela companhia dos meus fantasmas.

Agradeço aos outros tantos moradores do Instituto.

E ao Mateus, à Editora Planeta e a todos que tornaram este livro possível e me fizeram entender que "o tempo só anda de ida. A gente nasce, cresce, envelhece e morre. Pra não morrer é só amarrar o Tempo no Poste. Eis a ciência da poesia: amarrar o tempo no poste".[7]

Créditos das frases de Manoel de Barros

* Barros, M. *Poesia completa*. São Paulo: Leya, 2010.
** _____. *Ensaios fotográficos*. Rio de Janeiro: Record, 2000.

Notas

1. Trecho da canção "Triste, louca ou má", de Andrei Martinez Kozyreff, Juliana Strassacapa, Mateo Piracés-Ugarte, Rafael Gomes e Sebastián Piracés-Ugarte.
2. Trecho da canção "A rota do indivíduo (Ferrugem)", de Djavan Caetano Viana e Orlando De Morais Filho.
3. "Viagem", de João de Aquino e Paulo César Pinheiro.
4. Trecho do conto "A avó, a cidade e o semáforo" de *O fio das missangas*, de Mia Couto. 1ª edição, 2016.
5. Trecho da canção "Os perigos dessa vida", de Vinicius de Moraes e Toquinho.
6. Trata-se de trecho do poema "A velhice é uma máscara", do escritor espanhol José Bergamim.
7. Trata-se de trecho da entrevista a Bosco Martins, por Manoel de Barros, em 2007.

Leia também

Itamar, irmão da escritora e professora Bettina Bopp, ficou em coma por quinze anos. Durante esse tempo – entre a dor de uma perda que parecia se sedimentar a cada dia e a expectativa de que aquele ente querido pudesse acordar a qualquer minuto –, Bettina escreveu crônicas, cartas ao irmão inconsciente. Nos textos, ela contava sobre tudo aquilo que gostaria de dizer a ele: o nascimento do sobrinho, o cotidiano da família, o dia a dia do tratamento. Nessas conversas aparentemente íntimas e particulares, no entanto, surgiram questões e sentimentos universais, e Bettina "conversou" com Itamar sobre as mudanças no mundo, os questionamentos sobre a vida... e a saudade.

Para quando você acordar traz todas essas crônicas, delicadamente escritas e publicadas por Bettina em um blog ao longo do tempo, além de material inédito.